기적을 부르는
카네기 지도론

HOW TO WIN FRIENDS, INFLUENCE PEOPLE,
AND SUCCEED IN A CHANGING WORLD

기적을 부르는
카네기 지도론

HOW TO WIN FRIENDS, INFLUENCE PEOPLE,
AND SUCCEED IN A CHANGING WORLD

기적을 부르는 카네기 지도론

1판 1쇄 찍음 / 2004년 1월 27일
1판 3쇄 펴냄 / 2007년 2월 7일

지은이 / 데일 카네기
옮긴이 / 강민호
펴낸이 / 박창조
펴낸곳 / 아름다운 사회

출판등록일자 / 1995년 7월 19일
등록번호 / 제5-180호

주소 / 경기도 하남시 감북동 125번지(465-180)
대표전화 / (02)479-0023
팩시밀리 / (02)479-0538
E-mail / assapub@naver.com

ISBN 89-5793-026-4 03320

값 5,000원
* 잘못된 책은 교환해 드립니다.

인간관계의 회오리 속으로

늘 변화하기 위하여 마음을 열어 두라. 그리고 그 열린 마음으로 변화를 기꺼이 받아들여라. 항상 변화를 추구하라. 평범한 생각에서 벗어날 때 우리는 비로소 발전할 수 있다.

- 데일 카네기 -

우리는 지금 새로운 세계를 경험하고 있다. 과학 기술의 진화로 정보화 시대, 인터넷 시대라는 새로운 환경을 맞이하고 있는 것이다. 이제 세상은 종전과는 전혀 다른 인간의 삶을 요구하고 있다.

우리가 현재 살고 있는 시대는 지역과 인종, 계층과 국적, 종교와 이데올로기가 지니고 있는 모든 장벽이 거의 무너진 시기라 해도 과언이 아니다. 그것은 과거에는 통용되지 않던 기본 원칙과 환경들이 변화를 거듭하고 있다는 것을 뜻하기도 한다.

한 예로 기업 환경의 변화를 꼽을 수 있다. 이전의 수직적 기업 문화 체계는 수평적으로 빠르게 바뀌고 있다. 고용주가 명령을 내리고 고용인이 순순히 복종하는 시대는 이제 한물 간 것이다. 변화하는 사회에 발맞추어 기업은 생존을 위해 새로운 공동체 문화를 구축해 가기에 이르렀다.

채찍과 권위로 이루어지던 기업의 경영방식은 오늘날에선 초기 산업화 시대의 낡은 관습으로 치부된다. 따라서 21세기에 조직을 이끄는 리더라면 조직이 나아가고자 하는 실제적이고도 훌륭한 비전과 가치를 제시해야 한다.

'리더'의 개념은 이전의 단순한 지도자의 의미를 넘어섰다. 이제 '리더'는 좀 더 효과적으로 대화하고 팀에게 동기부여를 하는 존재로서 환경의 변화 속에서 지혜롭게 조직원들을 잘 이끌어 나아갈 줄 알아야 한다. 새로운 '리더'에겐 조직의 목적과 목표 다시 말해, 꿈을 위해 함께 걸어갈 수 있도록 하는 인간관계 노하우와 철학이 있어야 한다.

전후 미국 기업들은 무엇을 하든지 번성했다. 그들은 거대한 노동력과 강력한 정부의 후원을 등에 업고 복잡하지만 효율적인 직급체계, 범위가 제약된 직무 기술서 그리고 최고라는 자부심으로 20세기 중반을 잘 항해하면서 편안하게 이익을 올려 왔다.
그들은 얼마나 훌륭한 안식처를 사람들에게 제공해 주어왔던가! 과거엔 훌륭한 회사에 취직을 하는 것이 성공을 꿈꾸는 사람들의 평생소원이었다.

미국이 전후 시대의 풍요로움을 즐기고 있을 때 일본은 한 발 앞선 생각을 하고 있었다. 일본의 경제는 전쟁으로 갈 곳을 잃었고 기간산업의 설비는 대부분 파괴되었다. 이것은 일본인들이 극복해야 할 일의 '시작'에 불과했다. 당시만 해도 세계적으로 일본은 싸고 조잡한 물건을 생산하고 서비스는 이류라는 평판을 얻고 있었다면 믿을 수 있는가?

그러나 혹독한 고통을 겪은 후에 일본인들은 실수로부터 변화의 필요성과 혁신 과제들을 하나씩 배워나갔다. 사회 재건을 위해 그들은 발 벗고 나서서 그들이 모셔올 수 있는 최고의 고문을 모셔왔는데, 그 중에는 전쟁 중 미 육군 품질관리사무소에서 일했던 에드워드 데밍 박사가 있었다. 데밍이 일본에 준 메시지는 미국 거대기업의 복잡한 구조를 모방하지 말고 새로운 종류의 일본회사, 즉 직원의 참여, 품질개선, 고객만족에 헌신적이며 이러한 목표를 위해서 모든 직원들의 진실한 힘을 모을 수 있는 회사를 만들라는 것이었다.

데밍 박사의 조언은 매우 정확한 것이었지만, 이런 일들이 하룻밤 사이에 일어날 수는 없는 노릇이었다. 그러나 결국 꾸준한 자기 변화 속에서 일본 경제는 다시 태어났다. 일본은 기술혁신의 리더가 되었고, 일본 제품과 서비스의 질은 날이 갈수록 놀랍게 향상되었다. 이러한 새로운 정신으로 일본 기업들은 외국의 유수한 경쟁 기업을 따라잡았을 뿐만 아니라 세계 산업 시장에서 두각을 나타내기 시작했다. 일본의 이러한 접근방식은 얼마 지나지 않아서 독일, 스칸디나비아, 극동, 태평양연안 국가들 등 전 세계적으로 퍼지게 되었다. 그러나 불행히도 미국은 가장 늦게 이러한 접근방식을 적용하였고 그 대가는 엄청났다.

풍요로운 성장을 하던 미국이란 배는 처음에는 감지할 수 없을 만큼 미미하고도 천천히 연료가 새기 시작했다. 원유 값이 오르고 인플레이션이 발생하며 이자율은 올라갔다. 그리고 외국의 많은 나라들이 세계대전의 참상을 딛고 일어나 어느새 최첨단 기술을 개발하고 새로운 경쟁자로 등장했다. 얼마 지나지 않아 그들은 GM, 제니스, IBM, Kodak 그리고 비틀거리는 거대기업의 시장점유율을 빼앗아 갔다. 1980년대 중반이 되자 이제는 더 이상 문제를 보고만 있을 수 없게 되었다. 부동산 가격은 폭락했으며 회사 부채와 국가의 재정적자는 늘어났다. 증시는 바닥을 치고 불황의 끝은 어디인가를 여실히 보여주고 있었다.

호황의 바다에서 항해하던 미국의 기업들은 때 아닌 태풍을 만난 것이다. 기업은 합병이나 인수 등의 방법으로 조직을 재정

비하기 시작했으며, 회사를 파산에서 구하기 위해 안간힘을 다했다. 대량 해고는 이미 예고된 일이었다. 매우 잔인한 변화가 일어났다. 능력이 없다면 경영진, 생산직, 사무직 가릴 것 없이 회사에서 쫓겨나야 했으며, 전문직이라도 안심할 수 없는 불확실한 미래가 펼쳐지기 시작했다.

어떤 사람들은 기술에 대한 신념을 갖고 현재 당면한 세계적 문제를 기술로 풀 수 있다고 믿기도 했다. 사실 기술이 기여한 영향을 부정하는 사람은 아무도 없을 것이다.

미국의 유명한 상업은행 사운더스 카프 앤드 컴퍼니의 동업자인 토마스는 "나는 뉴욕에 있는 사무실에서 같은 시간에 일본의 누군가가 사용하고 있는 정보를 똑같이 이용할 수 있다. 우리는 하루 24시간 동안 같은 데이터 시스템으로 연결되어 있다. 사람들이 상상했던 것보다 훨씬 더 훌륭한 커뮤니케이션 통신망으로 연결되어 있는 것이다. 자본시장과 통화시장은 정부의 통제를 벗어나 있다. 나는 이러한 시장정보를 알려 줄 신문이 더 이상 필요 없다."라고 말했다.

"지금 우리는 사무혁신으로 생산성이 확대된 시대를 맞이하고 있다. 잠재력을 활용해 짧은 시간에 보다 많은 것들을 할 수 있게 된 것이다. 우리는 멀리 떨어져 있는 사람과 협력을 해서 일할 수 있게 되었으며, 백 년 전보다 훨씬 더 많은 일을 짧은 시간 안에 할 수 있게 되었다."고 의학 분야의 탁월한 연구가인 존 샐크 박사는 말한다.

경영 잡지의 편집장을 맡고 있는 말컴 S. 포비스는 "우리는 메시지를 보내고 정보를 처리하는 일을 무릎 위에 놓인 2파운드짜리 컴퓨터 하나로 해결할 수 있는 시대에 살고 있다. 이러한 일은 전기 플러그와 위성이 있는 곳에서는 어디에서든지 가능하다. 사람들은 세계 곳곳에서 무슨 일이 일어나고 있는지를 알게 되었다."고 말하며 결론적으로 그는 "이것은 매우 민주화된 영향력이다."라고 주장했다.

베를린 장벽의 붕괴, 소비에트 연방의 해체, 중국 그리고 라틴 아메리카와 카리브 해의 민주화, 개발도상국의 산업화정책 등 세계 각지에서 발생하고 있는 모든 변화들은 새로운 산업 자유화의 신호라고 파악하는 사람들이 대부분이었다. 이러한 변화

속에서 모든 사람들은 기술의 발전으로 이 어려운 시대를 극복할 수 있으리란 낙관을 하기도 했다.

그러나 기술만으로는 이 어려운 시기를 극복할 수 없다. 커뮤니케이션 방법이 다양해지고 쉬워졌다고 해서 대화를 잘하는 것은 아니다. 현대의 모순은 여기에 있다. 대화하는 방법이 다양해지면 다양해질수록 더욱 대화에 실패하게 된다. 기술로 정보 공유는 가능하지만, 대화로 정보를 공유하는 방법을 모른다면 이 모든 정보가 무슨 소용이 있겠는가?

얼마 전에 미국 하버드 대학 경영대학원에서 재학생, 동문 그리고 신입생을 대상으로 설문조사를 했다. 하버드 경영대학원의 존 A. 퀘일치 교수는 "우리는 졸업생들의 기술적인 능력 면에서는 상당히 만족하고 있다. 우리가 배출한 젊은 학생들은 업무 처리, 시장 분석, 사업계획서를 작성하는 일은 매우 탁월하게 해내지만, 인간관계 기술에 대해서는 약하기 때문에 하버드는 이 면에 더욱 더 노력을 기울여야 한다. 말하기, 쓰기, 팀워크 그리고 인간관계 기술 이러한 것들은 미래에 더욱 향상을 필요로 하는 분야다."라고 보고한 바 있다.

현대의 인간관계 기술은 사람들에게 지시하는 것에서 이끌어 주는 것으로, 경쟁하는 것에서 협동하는 것으로, 베일에 싸인 비밀 시스템에서 필요한 정보를 공유하는 시스템으로, 수동적인 방식에서 적극적이고 능동적인 방식으로 그리고 사람을 고용하는 것을 비용으로 생각하는 것에서 사람을 회사의 자산으로 여기는 마음으로 발전하고 있다.

물론 세계적인 경쟁력을 갖추기 위해서 첨단기술을 개발하는 일은 중요하다. 그러나 기술은 말 그대로 새로운 패러다임으로 변화하기 위해 지불하는 일종의 비용에 불과하다. 최후의 승자와 패자는 결코 그러한 기술적 지식에 의해 결정되는 것이 아니다.

성공하는 조직은 빠르게 변화 · 발전하는 시대에 도태되지 않는 기술뿐만 아니라 기업 내외의 조직에서 효과적으로 대화하고 동기부여하는 방법을 잘 알고 있는 유능하면서도 창조적인 '리더'가 있는 조직이다. 하지만 이러한 리더는 쉽게 배출되지 않는다. 누구나 리더가 될 자질은 있으나, 자기 계발과 훈련 없이는 빛을 발할 수 없다.

세계적인 광고회사인 J. 월터 톰슨사의 회장 버트 매닝은 말한다. "좋은 인간관계를 구축하는 일은 쉽지 않다. 세상에는 타고난 인간관계의 달인이 있지만, 그들은 극히 일부일 뿐이고 대부분의 사람들은 교육을 받아야 한다. 자동차 엔지니어가 더 좋은 피스톤을 디자인하기 위해서 교육을 받듯이 인간관계 기술을 습득하는 데도 훈련과 노력이 필요하다."

그리고 매닝은 인간관계 기술의 중요성을 이야기하는 다음과 같은 말을 덧붙였다. "눈앞의 이익에 연연하지 않고 우선 좋은 인간관계를 중요하게 생각하는 리더를 배출하는 기업이 결과적으로 다른 회사를 이길 수 있다. 이러한 기업은 서비스와 인간관계가 성공을 결정짓는 중요한 변수라는 것을 이해하고 있는 살아있는 기업인 것이다."

미주리 주 출신으로 1912년 뉴욕에 도착한 젊은 청년 카네기는 무엇을 하면서 살까에 대해서 궁리를 했다. 그는 마침내 125번가에 있는 YMCA에서 저녁에 파트타임으로 성인들에게 대중연설을 가르치는 직업을 얻었다.

카네기는 후에 "처음에 나는 화술에 관한 강의만을 했다. 이 코스는 성인을 위한 것이었는데 그들이 비즈니스 인터뷰를 할 때나 청중 앞에서 스스로의 생각을 명확하게 표현하고 더욱 효과적으로 이야기하기 위한 훈련이었다. 그런데 나는 시간이 지나감에 따라 사람들에게 효과적인 연설을 위해 훈련이 필요한 것처럼 매일 직장과 사회에서 접촉해야 하는 사람들과 잘 지내기 위한 훈련도 필요하다는 것을 깨달았다."라고 이야기했다.

그는 교재도 없었고 시간표도, 인쇄된 코스 가이드도 없었다. 그러나 그는 세상의 모든 사람들이 좋은 인간관계를 구축하기 위한 실질적인 기술을 연구하는데 매진했고 축적해 나갔다.

그는 늘 수강생들에게 이렇게 말했다. "타인의 관점에서 사물을 보라. 솔직하고 진지한 칭찬을 하라. 다른 사람에게 진심으로 관심을 기울여라."

그는 이러한 기본적인 인간관계 기술을 실생활에 적용하는 방법을 가르쳐 주었다. 처음에 카네기는 인간관계 원리를 3×5 크기의 카드에 적었다. 얼마 지나지 않아 이러한 카드는 간단한 리플렛으로 만들어졌다. 이 리플렛은 소책자로 바뀌고 점점 커졌다. 15년간 심혈을 기울인 연구 끝에 카네기는 이 모든 인간관계 원리를 한 권의 책으로 발간했다. 그 책이 바로 1936년에 출판된 책 『카네기 인간관계론』으로써, 성공적인 인간관계 원리를 제시해 주고 있다.

책은 출간 되자마자 센세이션을 불러일으켜 최 단기간 3천 만 부 판매라는 경이적 기록을 세웠다. 『카네기 인간관계론』은 출판 역사상 가장 많이 팔린 책 중 하나가 되었으며, 오늘날까지도 세계 각국 언어로 번역되어 사람들에게 꾸준한 사랑을 받는 스테디셀러다.

카네기는 그의 인간관계 원리를 전파하기 위해 데일 카네기 연구소를 설립하였는데, 전 세계 많은 사람들이 그의 원리를 배우려고 하였다. 그는 라디오와 TV에도 출연했으며 후에 데일 카네기 코스 강사들을 양성하였고, 인간관계에 관한 책을 세 권 더 썼다. 카네기의 저서들은 모두 베스트셀러가 되었으며, 1955년에 카네기는 죽었지만 그의 철학은 책을 통해 계속해서 전파되고 있다.

오늘날 데일 카네기 코스는 미국 1천여 개의 도시와 전 세계

70여 개국에서 실시되고 있다. 매주 3천여 명이 데일 카네기 코스에 등록하고 있으며, 현재 카네기 연구소는 「포춘」지 선정 5백대 기업 중 4백여 기업에 카네기 인간관계 프로그램을 제공하고 있다.

시간이 흐르고 세대가 변하면서 카네기의 원리는 시대의 요구에 부응하며 스스로를 늘 업그레이드하고 있다. 다른 사람들과 효과적으로 대화하는 것, 성공적인 동기부여 기법, 리더를 발굴하는 것이 데일 카네기 원리의 핵심이다.

데일 카네기가 전하는 원리는 매우 기초적이며 이해하기 쉽다. 게다가 특별한 교육이 아니며 기술도 필요하지 않다. 단지 연습 그리고 배우겠다는 진지한 의지만 있으면 된다.

오랫동안 지속되어 온 이러한 원리에 도전할 준비가 되어 있는가? 인간관계를 좀더 쉽고 성공적으로 할 준비가 되어 있는가? 개인생활과 사회생활을 위해서 당신의 가치를 증가시키고 싶은가? 당신의 리더십을 발견하고 개발하고 싶은가?

그렇다면 계속해서 읽어라. 그러면 당신의 삶이 바뀔 것이다.

DALE C

HOW T

Ar

RNEGIE

FRIENDS, INFLUENCE PEOPLE,

UCCEED IN A CHANGING WORLD

제1부

모든 것은 자세에 달려있다

제 1 장

리더에겐 뭔가 특별한 것이 있다

찰스 스왑은 카네기 강철회사의 간부로 일하면서 1백만 불의 연봉을 받았다. 그가 그렇게 많은 연봉을 받을 수 있었던 이유는 바로 사람을 다루는 특별한 방법을 알고 있었기 때문이다. 상상해 보라. 사람을 잘 다루기 때문에 1백만 불의 급료를 받는다는 것을!

어느 날 오후 스왑이 공장을 둘러보고 있던 중 직원 몇 명이 '금연'이라는 푯말이 붙어 있는 장소에서 담배를 피우고 있는 것을 발견했다. 과연 그가 그 푯말을 가리키면서 직원들에게 "당신들은 글씨도 못 읽나?"라고 말했을까? 천만의 말씀이다. 인간 경영의 귀재인 스왑이 그렇게 말했을 리가 없다.

스왑은 다정하게 이야기를 건네면서 그들이 금연 구역에서 담배를 피우고 있다는 것에 대해서는 한 마디도 말하지 않았다. 단지 그 자리를 떠나면서 직원들에게 담배를 한 대씩 나누어 주고는 눈을 찡끗하면서 "밖에서 맛있게 피게나."라고 이야기를 했을 뿐이다. 그 날 이후 직원들은 규칙을 어긴 것을 알고 있음에도 불구하고 자신들을 나무라지 않은 스왑을 존경하게 되었다.

– 데일 카네기 –

당시 뉴욕 메츠 야구팀의 구단주였던 프레드 윌폰이 어느 날 오후 초등학교 학생들을 이끌고 샤아 야구장을 방문했다. 그는 학생들을 홈 플레이트 뒷 쪽에 데려가기도 하고 팀의 덕아웃이나, 선수 전용 클럽 하우스에에 안내하기도 했다. 마지막 코스로 윌폰은 학생들을 구원 투수가 연습하고 있는 불펜으로 데리고 가려 했다.

그러나 불펜 문 밖에서 유니폼을 입은 안전경호원이 "불펜은 일반인들에게는 공개 안 합니다!"라며 그들을 제지했다. 경호원은 월폰을 못 알아본 채 "미안하지만 안으로 들어갈 수 없습니다!"라고 재차 말했다.

그는 자신을 몰라보는 안전경호원을 호되게 꾸짖을 수도 있었다. 그러나 월폰은 학생들을 이끌고 빙 돌아서 다른 쪽 문을 통과해서 그들을 불펜으로 안내했다.

월폰은 안전경호원을 당황하게 만들고 싶지 않았다. 경호원은 그의 임무에 충실했기 때문이다. 그 날 오후 월폰은 자신의 임무에 충실한 경호원을 칭찬하는 글을 직접 써서 그에게 전달토록 했다. 만약 월폰이 고함을 치거나 소동을 벌였다면 경호원은 불쾌감을 느꼈을테고 직무에 어려움을 겪었을 것이다.

프레드 월폰이 진정한 리더인 이유는 그의 직위나 그가 받는 급료 때문이 아닌 사람을 움직이게 하는 그의 특별한 능력 때문이다.

과거에는 비즈니스 세계에 진정한 의미의 리더십이 부재했다. 모든 것이 단순하고 미래가 확실했던 때의 상사는 절대적이었고 그런 상사가 모든 것을 통제하는 것은 당연했다. 그 당시 잘 나간다는 기업은 거의 군대 스타일로 운영되는 회사가 대부분이었다. 위에서 명령을 내리며 이 명령은 지휘 계통을 통해서 아랫사람에게 전달되었다.

코미디 연속극 블론디의 디더 씨를 기억하는가? "야, 이 놈아!" 하고 디더 씨가 소리치면 "예" 하고 젊은 데그우드는 겁먹은 인형처럼 쏜살같이 달려갔다.

오랫동안 수많은 기업들이 이런 식으로 운영되어 왔다. 기업의 조직은 상하 명령체계가 일사분란한 군대의 조직과 같았다. 책임을 진 경영자는 사무실 앉아 모든 것을 관리했다. 관리가 리더의 직무였던 것이다. 그들은 보통 명백하게 도출된 문제들만을 처리하면서 일을 끝냈다. 이러한 조직 관리는 모든 것이 단순했던 시절엔 훌륭한 평가를 받았다. 그러나 오늘날에는 단순한 관리만으로는 더 이상 충분하지 않게 되었다. 세상은 불안정하게 급변하고 있으며 그 변화의 방향조차 예측을 불허하고 있다. 이제 시대는 과거의 경영 관리보다 훨씬 더 심오한 경영 기법을 필요로 한다.

오늘날 필요한 것은 진정한 리더십이다. 직원들의 잠재력과 가능성을 발굴해 주고 미래에 대한 비전을 설정하고 북돋아 주며 지도해 주고 조언도 해주면서 그들과 성공적인 인간관계를 유지할 수 있는 리더십 말이다.

하버드 경영 대학의 존 퀘일치 교수는 "안정적인 환경에서 사업을 하던 과거에는 관리기술만으로 충분했다. 그러나 사업 환경이 불안정하고 한치 앞도 예측할 수 없는 지금은 경영자에게 이전에 상상했던 것 보다 훨씬 더 많은 융통성과 리더십이 필요하다."고 말했다.

반도체 우수 메이커인 SGS톰슨 마이크로 전자회사의 인사담당 부사장인 빌 마카힐라힐라도 "경영환경은 벌써 빠르게 변화하기 시작했는데 모든 회사가 이에 대처하고 있다고는 생각지 않는다. 관리자는 더 이상 존재하지 않을 것이며 리더십의 개념은 바뀔 것이다."라고 말했다.

오늘날의 기업은 이러한 변화 과정을 겪고 있다. 경영을 축소시키고 생산성을 높여 나가면서 조언을 하는 기술과 인간관계 기법이 가장 중요하다는 것을 깨달아 가고 있다.
훌륭한 대화 기술, 인간관계 기술, 코치 능력, 모범을 보이
고 조직을 만드는 일 등을 리드할 수 있는 훌륭한 리더가 필
요한 시점이다.

"일방적인 지시만으로는 이러한 일을 더 이상 할 수가 없
다. 영향을 주어서 움직이게 해야 한다. 이러한 것은 훌륭한
'인간경영 기술' 을 필요로 한다."

많은 사람들은 아직도 진정한 리더십이 무엇인지 잘 모르
고 있다. 리더라고 하면 사람들은 장군, 대통령, 장관, 사장,
회장 등을 생각한다. 물론 이러한 높은 지위에 있는 사람들
은 리더십을 발휘해서 여러 계층의 성공을 이끌고 나가야
한다. 그러나 사실 리더십은 일부 고위층에서만 발휘되는
것이 아니다. 리더십은 모든 분야에서 적용되는 매우 중요
한 것으로 현재 우리의 생활 터전에서는 보다 더 강조된다.
소규모 팀을 조직하고, 사무실의 지원팀을 격려하며 가정

을 화목하게 하는 것이 일선에서 필요로 하는 리더십이다. 리더십이 쉬운 것은 아니지만 그렇다고 결코 어려운 것만도 아니다. 우리들 모두는 일상생활에서 리더가 될 잠재력을 지니고 있다.

조직에 활력을 주는 사람, 중간관리자, 경리담당 중역, 고객 서비스 담당자, 공장 작업자 등 다른 사람들과 접촉하는 모든 사람들은 리더가 되는 법을 배워야 한다. 작업장에서뿐만 아니라 가정, 자선단체, 스포츠 팀, 시민단체, 사회 클럽 등 모든 조직에서 역동적인 리더십이 필요하다. 이제 리더십은 사람들의 성공과 실패 그리고 행복과 불행을 저울질하는 매우 중요한 키포인트가 되고 있다.

스티븐 존스와 스티븐 우즈니악은 캘리포니아 태생으로서 21살, 26살의 청바지를 즐겨 입는 청년이었다. 그들은 부유하지 않았고 경영훈련을 받은 적도 없었지만 그 당시에 거의 존재하고 있지 않았던 새로운 사업 아이템을 가슴 속 깊이 간직하고 있었다.

1976년 그 당시의 가정용 컴퓨터 산업은 몇 명의 머리 좋

29

제1부 모든 것은 자세에 달려있다

은 컴퓨터 광, 즉 컴퓨터 바보들을 위한 것이었다. 그 누구도 가정용 컴퓨터 산업이 번창할 것이라는 생각을 하지 않았다. 그러나 존스와 우즈니악 두 젊은 기업가는 "컴퓨터는 더 이상 컴퓨터 광들만의 것이 아니다. 컴퓨터는 사람들의 마음을 움직일 것이다. 저가의 컴퓨터는 모두를 위한 것이다."라는 가정용 컴퓨터 산업에 대한 확고한 비전을 갖고 있었으며 믿고 성취하고자 하는 것에 대한 분명한 아이디어를 갖고 있었다.

존스와 우즈니악은 자동차와 계산기 2대를 팔아서 1천3백 불을 마련하여 존스의 차고에 애플 컴퓨터 주식회사를 설립한 후 기회가 있을 때마다 비전을 다른 사람들에게 전달했다. 두 젊은 기업가는 자신들의 비전을 이해하는 사람을 고용했고 비전으로 인해 미래에 발생할 보상에 대해서 이야기했다. 회사가 어려워서 옴짝달싹 못할 때도, 소매점에서 거절을 할 때도, 제조업자가 제조를 할 수 없다고 할 때도, 은행에서 더 이상 대출을 할 수 없다고 말할 때도 애플사의 비전을 가진 리더들은 굴복하지 않았다.

마침내 애플사 창립 6주년이 되던 해, 회사는 연간 65만 대의 개인용 컴퓨터를 팔게 되었다. 우즈니악과 존스는 미래를 내다볼 줄 아는 훌륭한 리더였던 것이다.

경영 이론가인 워렌 베니스와 버트 난이스는 크고 작은 수백 개의 성공적인 조직을 리더십에 중점을 두어 연구한 바 있다. 두 사람은 리더란 미래를 내다볼줄 알고 조직 이미지를 개발해야 한다고 정의했다. 우리가 비전이라고 부르는 이러한 이미지는 꿈처럼 희미할 수 있고 목표와 사명처럼 정확하고 분명한 것일 수도 있다. 그들은 "중요한 점은 비전이 조직에 신뢰성 있고 매력적인 미래를 창출한다는 것이다. 즉 현재 상태보다 모든 면에서 더 나은 상태를 창출한다는 것이다."라고 설명했다.

리더는 끊임없이 자기 자신에게 질문해야 한다. 이 조직은 어디를 향해서 나아가고 있는가? 우리의 임무는 무엇인가? 우리의 고객은 누구인가? 시스템을 어떻게 개선시키겠는가? 구체적인 대답은 리더 자신에 따라 달라질 것이다.

하지만 가장 중요한 것은 이런 질문을 끊임없이 던지고 고민하는 노력에 있다.

리더십 방식에 이렇다 할 정설이나 정도는 없다. 리더십의 방식은 성격 유형에 따라 다양하다. 리더의 유형은 요란하거나 조용한 타입, 가볍거나 심각한 타입, 까다롭거나 부드러운 타입, 거만하거나 겸손한 타입 등 다양하다. 그들은 나이, 인종, 성별 구별 없이 모든 그룹으로부터 나온다.

그러나 이 말은 당신이 가장 성공적인 리더를 찾아서 그 사람을 무조건 맹종하라는 뜻은 아니다. 이러한 전략은 시작부터 실패작이다. 당신은 당신이 닮고 싶어 하는 사람을 맹목적으로 모방해서는 그 사람 이상은 될 수 없다. 당신에게 가장 유효한 적절한 리더십은 바로 당신 안에서 길러진다.

프레드 에브는 토니 상을 수상한 작곡가로 캬바레, 거미여인의 키스, 시카고 그리고 조바 등 브로드웨이에서 히트

한 많은 작품을 썼다. 젊은 작곡가들은 자주 에브를 찾아와서 작곡법을 가르쳐달라고 요구했다. 에브는 그들에게 어빙 베를린이 죠지 거쉬윈에게 한 충고를 따르라고 말해 주곤 했다.

베를린이 거쉬윈을 처음 만났을 때 베를린은 이미 유명했었고 거쉬윈은 주급 35달러를 받으면서 틴판(Tin Pan) 뒷골목에서 어렵게 생활하는 젊은 작곡가였다. 어느날 거쉬윈의 뛰어난 재능에 감명을 받은 베를린은 이 젊은 청년에게 자신의 음악비서로 일해 달라며 당시 거쉬윈이 작곡을 하면서 받는 금액의 거의 3배 금액을 제의했다. 거쉬윈은 이와같은 제의에 반신반의하며 베를린의 얼굴을 쳐다봤다. 곧바로 베를린은 고심하는 거쉬윈에게 자신이 제의한 것을 절대로 수락하지 말라고 충고했다. "당신이 지금 내 제안을 수락한다면 당신은 제 2의 베를린 밖에 될 수 없다. 그러나 당신이 거쉬윈이 되기를 고집한다면 언젠가 당신은 최고의 거쉬윈이 될 수 있다."

물론 거쉬윈은 최고의 거쉬윈이 되기를 고집했다. 결국

그는 미국 대중음악을 새로운 차원으로 한단계 높인 위대한 음악가가 되었다. 에브는 그의 추종자에게 "다른 사람을 모방하려고 하지 말라. 당신 자신이 되기를 멈추지 말라."고 강조한다.

성공의 첫 번째 단계는 당신 자신 고유의
리더십과 그 강점을 아는 것이다.

제 2 장

공감(共感)의 힘

어느 날 오랜 친구가 슬픔에 빠져 루즈벨트를 찾아왔다. 그 친구의 어린 아들이 집을 나가려고 한다는 것이다. 그 아이는 손 쓸 수 없을 정도로 거칠었고 걷잡을 수가 없었다. 그리고 아이 아버지조차 아무도 자기 아들과는 잘 지낼 수 없을 것이라고 불평했다. 루즈벨트는 말했다. "그 애에게는 잘못이 없네. 만약에 활기 넘치는 소년이 집에서 그에 걸맞은 대접을 받지 못한다면 그러한 대접을 받을 수 있는 다른 곳으로 갈 것이네."

며칠 후 루즈벨트가 그 친구의 아들을 만나게 되었다. "네가 집을 떠나려 한다고 들었는데……. 무엇 때문이지?"하고 물었다. 그 소년은 "대령님, 제가 아빠와 얘기를 하려고 시도할 때마다 아빠는 화를 내세요. 아빠는 제게 기회를 안 주세요. 저는 항상 잘못하고 있고 항상 비난받아요."라며 울먹였다.

루즈벨트는 "애야! 너도 잘 알거야. 아빠가 너를 정말로 사랑하고 있다는 것을……. 지금은 믿지 못하겠지만 아빠는 네 가장 좋은 친구란다. 네 아빠에겐 세상의 다른 그 무엇보다 네가 가장 소중하단다."라고 답했다. 이에 소년은 "그럴지도 몰라요. 루즈벨트 대령님. 그러나 그것을 있는 그대로 보여 주면 좋겠어요."라고 말했다.

그 후 루즈벨트는 소년의 아버지를 불러서 소년과 나눈 몇 가지의 충격적인 사실들을 말하기 시작했다.

그 애 아버지는 그 소년이 말했던 대로 화를 냈다.

"이것 보게나!"루즈벨트는 말했다.

"만약에 자네가 방금처럼 그런 태도로 자네 아이를 대해왔다면, 그 아이가 집을 떠나는 것은 당연하네. 나는 그 아이가 아직도 집을 떠나지 않은 것이 그저 놀라울 뿐이네. 자, 어서 가서 아들을 이해하도록 노력해 보게. 그 아이에게 자네의 사랑을 있는 그대로 보여주게나……."

– 데일 카네기 –

사람들에겐 모두들 자신의 얘기를 들어주길 간절히 바라는 마음이 있다. 그러나 우리들은 그런 마음을 알면서도 대화에 실패를 겪는다.

"나는 사장이고 너는 여기서 일하는 사람이야."라는 식으로 다른 사람을 경멸하고, 부정하고, 무시하는 태도들은 최근까지도 가장 보편적으로 직장 내에 수용된 인간 상호관계의 형태들이었다. 햇볕 잘 드는 창이 달린 사무실과 호통칠 수 있는 권리 그리고 두 시간의 점심시간은 경영자의 당연한 특권이라고 생각되었다. 그리고 가정, 학교 다른 조직들이 이것을 흉내냈다.

오랫동안 고함치는 것은 단호함과 동일시되었고 완고함이 우월한 지식으로, 논쟁을 좋아하는 것이 정직함으로 동일시되기도 하였다.

크라이슬러사의 전 부회장인 제리 그린왈드는 이전의 기업 내 의사소통 방법을 계단식 의사전달 방식인 아이들의 전화놀이에 비교했다. 만약에 두 명의 10대아이들이 이웃하여 살 때 그들 사이에 가려내야 할 어떤 시비가 생기면 한 사람이 잔디밭을 가로질러 가서 그것을 해결할 때까지 끝까지 이야기한다.

만약에 그들이 한 회사 내의 두 부서에 근무하는 두 사람이라면 한 10대 아이는 그의 형에게 말할 것이고 형은 그의 어머니에게, 어머니는 아버지에게 아버지는 이웃집으로 가서 다른 10대 아이의 아버지에게 말하고 그 아버지는 자기 부인에게 말하고 그녀는 다시 다른 10대 아이에게 이야기를 전하게 된다. 이렇게 메시지를 전달받은 이웃집의 10대 아이는 "이웃집 아이가 나에게 무엇을 말하려는 거였죠?"라고 말한다.

그린왈드는 클라이슬러에 있을 때 이러한 구습들을 설명했다.

"만약 당신이 공장의 작업자이고 당신 일을 좀 더 잘하기 위해서 공장 다른 쪽 300피트 멀리 떨어져 있는 사람에게 어떤 것의 변경을 요청해야 한다면 건너가서 직접 그에게 말하라. 반장에게 가서 현장감독에게 또는 타부서 현장감독에게 말해 달라고 하지 말라. 그런 식으로 전달하면 6개월 후에도 타부서 사람은 당신이 무엇을 바꾸려는지 여전히 이해하지 못하고 있을 것이다."

의사소통을 잘하는 능력은 사람이 무엇을 원하는지를 알고 무엇이 사람들 내부에 있는 불을 당기느냐를 이해하는 데 있다. 의사소통은 끔찍할 정도로 복잡하거나 어려운 것이 아니다. 의사소통은 일상적인 생활의 한 부분으로 매일 하고 있는 행위들 중의 하나다. 우리는 어린 시절부터 의사소통을 해 왔다고 하지만 실상 어른 세계에서의 진정한 의사소통, 효과적인 의사소통은 어린 시절의 그것과는 사뭇 다르고 또한 서툴러진다.

의사소통을 잘하는 법을 배우는 비결은 없지만 상대적으로 쉽게 숙달될 수 있는 몇 가지 기본 개념은 있다. 성공적인 대화의 첫 단계는 다음과 같다.

1. 대화를 최우선 순위로 두라
2. 다른 사람에게 개방적이 되라
3. 대화하기 좋은 분위기를 창출하라

아무리 바쁠지라도 당신은 근무 시간 중에 대화할 시간을 만들어야 한다. 세상의 모든 반짝이는 아이디어들은 공유하지 않으면 전혀 쓸모가 없다. 대화는 여러 방법으로 이루어질 수 있다. 휴게실에서 커피한잔 마시면서, 동료와의 얼굴을 맞댄 회의에서, 홀을 걸어 내려오면서, 복사기나 팩스를 이용하기 위해 잠시 멈춰 서서, 회사의 식당에서 점심식사하면서 등…….

가장 중요한 사실은 대화를 결코 중단해서는 안 된다는 것이다

대화는 군이 커다란 회의실에서 일어나야 할 필요는 없다. 몇몇 최고의 기업체에서 대화는 비공식적인 방법으로 일어난다. 해리슨 회의서비스사의 월터 A. 그린은 일대일이라 부르는 기술을 사용한다. 그린은 "불행하게도, 우리가 소속된 조직에는 계층이 있다. 우리는 회장, 부회장 그리고 그 외 다른 계층들을 가지고 있다. 일대일은 이런 것은 극복하는 길이다. 이런 대화는 대개 점심식사 때 이루어지는데

그 때 나는 만나고 싶었던 누군가를 만난다. 그것은 내가 그
들의 중요한 문제를 접하게 되는 좋은 기회다. 그들이 회사
에 대해 어떻게 느끼는가? 그들의 일에 대해서는 어떻게 느
끼는가? 나는 그들 개개인에 대해 무언가를 배우고 싶다.
나는 그들에게 좀더 인간적이고 싶고 나는 그들이 나에게
회사에 대해 질문하는 것을 좋아한다. 이런 모든 것들은 일
대일 대화에서 쉬워진다. 이런 대화의 결과로 회사에 대한
비전은 성장하기 시작한다."

J. P Morgan 회장인 더글라스 워너는 직접적인 대화의 실
행을 보수적인 은행문화에 도입했다. "우리는 글자 그대로
회사 내 사방을 돌아다닌다."라고 워너는 말했다. 내려가서
사람을 만나라. 사무실에서 나와라. 사람을 사무실로 부르
는 대신에 가서 만나라. 한 주에 3~4일씩 워너 또는 그의 수
석 보좌관은 30~40명의 회사 사람들과 커피를 마신다. 워너
식의 '눈을 맞댄 직접적이고 비공식적인 의사소통'이다.
　이런 일의 일환으로 회사의 중역진 300여명이 매일 커다

란 바에 열리는 점심식사에 초대되었다. 해외로부터 방문 중인 사람도 참여한다. 이런 식의 대화는 매일 실질적인 토론회로 이어진다.

코닝의 법인 품질 감독자인 데이비드 루터는 그의 조직에서의 이러한 과정을 '밑바닥 훑기'라는 용어를 써서 묘사했다.

조직 말단에게 가서 무엇이 실제로 진행되고 있는가? 사람들이 무엇을 걱정하고 있는가? 그들이 말하고자 하는 것은 무엇인가? 그들이 반대하는 것은 무엇인가? 무엇을 도와주어야 하는가? 등을 묻는다. 효과적인 의사소통은 사무실에서만 끝나지 않는다. 그것은 학교로, 교회로, 심지어는 과학연구소에까지 이어진다.

사람들과 만나는 모든 장소가 의사소통의 열쇠다.

연구를 하는 과학자들은 연구실에서 자연 질서의 진리를 찾는 일념으로 생애를 보내는 것이 일반적이었다. 그러나 그런 시절은 지나갔다.

현대의 경쟁세계에서는 과학자들조차도 듣고 얘기를 해야만 한다. "많은 과학자들은 그들이 하고 있는 일에 대해 효과적으로 대화하는 방법을 모르고 있다."라고 생물학 연구를 하는 셀크 연구소의 저명한 연구교수인 로날드 M. 에반스는 말한다. "그들은 그들이 무엇을 하고 있는지는 안다. 그들은 그들이 왜 그것을 하는지 잘 알고 있다. 그러나 그들은 연구 결과들을 이해시키고 아이디어들을 연구실 밖으로 전달하는 데는 어려움을 겪는다. 그것은 여러 계층에서 일어나는 중대한 한계다. 자금을 얻기 위해서, 당신은 당신의 중요한 일을 하고 있다는 것을 사람들에게 확신시켜야 한다."

리 아이아코카가 포드 자동차 회사에 처음 갔을 때 그는 많은 자동차 디자이너와 엔지니어들에게서 같은 한계를 발견했다. "나는 상당한 아이디어를 가지고도 다른 사람들에게 그들의 아이디어를 설명하는데 어려움을 겪는 엔지니어들을 많이 봐왔다. 놀랄만한 재능을 가진 청년이 회의석상이나 위원회에서 그의 머리 속에 무엇이 들어 있는가를 설명하지 못한다는 것은 정말 난처한 일이다. 바로 이런 기본적인 인간적인 기술–자기의 생각과 사상, 그리고 아이디어를 다른 사람에게 전하고 또한 다른 사람의 그것을 들어주는 능력–의 습득 없이는 한 회사, 한 학교, 한 가정에서 오래 생존할 수 없다."

다른 사람들에게 개방적이 되라

로마의 회곡작가인 시러스는 "우리는 다른 사람이 우리에게 관심을 보일 때 그들에게 관심을 가진다."라고 썼다. 즉, 시러스는 2천 년 전에 자신에게 관심을 갖는 사람에게 너그러워지는 인간의 본성을 깨달았던 것이다. 만약 당신이 동료들의 아이디어에 관심을 보이면 그들 또한 당신의 아이디어에 관심을 보일 것이다. 그리고 당신에게 필요한 정보를 계속해서 제공해 줄 것이다. 당신이 회사의 미래에 대해 관심을 보이고 있는 만큼 직원에 대해서도 관심을 보여라. 동료, 고객, 의뢰인에게도 마찬가지로 순수한 관심을 표하라.

선더스 칼프 사의 투자 전문가인 선더스 3세는 고객이 비전있는 회사에 자금을 투자할 수 있도록 돕는 일을 하였다. 그는 성장 가능성이 높은 회사를 발굴하는 전문가다. 그런 그가 관심을 기울인 회사는 대부분 고객들과 의사소통을 하는 법을 진정으로 알고 있는 회사였다. 그는 최근에 루이지애나 라파예트에 있는 보석 도매회사를 방문했다. 그리고 그는 회사 시설을 둘러보면서 하루를 보냈다. 선더스가 이 회사는 투자할 가치가 있는 우량회사라고 판단하게 된 결정적인 이유는 바로 텔레마케팅 실에서 5분간 벌어진 일 때문이었다. 그 회사는 고객에게 전화할 때 매우 효과적이고 높은 수준의 서비스를 제공했다.

그들은 어떤 실수도 하지 않는 것 같았다. 전화는 빠르고 재치 있게 진행되었다. "손님은 이것을 원하시죠? 예, 물건이 있습니다. 그 상품 2개요. 예, 좋습니다. 그 상품 3개를 원하신다고요. 예, 가지고 있습니다. 아닙니다. 그것은 주문을 취소해 주셔야 합니다. 제가 대체품을 제안해드려도 될까요? 예, 카탈로그 600페이지를 보시면 상감 장식이 있습니다. 인기 상품입니다. 대단히 감사합니다." 그 대화는 15초 내에 끝났다. 믿어지지 않는 일이다. 평균 통화는 15초이고 고객들은 대부분 만족하며 통화를 끝낸다. 이런 회사에 누가 돈을 투자하지 않겠는가?

의사소통하기 좋은 분위기를 창출하라

이것은 사람과의 의사소통에 있어서 기본적인 진리다. 진정한 신뢰와 공유된 이해관계가 있지 않다면 사람들은 그들이 생각하는 것을 말하지 않고 당신이 말하는 것도 귀 기울여 듣지 않는다. 당신은 개방적으로 상대방을 포용하는 자세에서 귀를 기울여야 한다. 그렇지 않고 당신의 의견만을 상대방에게 전달했을 경우엔 상대방으로 하여금 강한 거부감을 느끼거나 잘못된 오해를 부를 수도 있다.

당신이 실제 대화하는데 있어 어떻게 느끼는가 하는 것은 당신이 말하지 않더라도 상대방은 금방 인식할 수 있다. "어떤 사람이 접근이 용이한지 그렇지 않은지 당신이 금방 안다."라고 올림픽 출전 선수인 메리 루 레튼은 말했다. "당신이 그런 느낌을 가질 때 말이 필요 없이 몸짓으로 그 사람을 읽을 수 있고 누군가가 모퉁이에 서서 '이봐 나는 말하기 싫어'라는 표정을 지으면 금방 알아차릴 수 있다." 이와 같은 메시지를 보내는 것을 어떻게 하면 피할 수 있겠는가?

마음의 문을 열어라. 사람을 좋아하라. 그리고 당신이 그들을 좋아한다는 것을 알게 하라.

실제적이고 겸손한 것은 매우 중요하다. 모든 사람은 같다. 사람들은 회사의 사장이든 영업사원이든 일정한 수준이 있다. 지위만 다를 뿐이지 서로를 수용하는 분위기는 모두의 책임이다. 최대한 편하게 대하라.

고품질 복합회로를 만드는 회사인 아날로그 디바이스사의 회장 레이 스타타는 보스톤 셀틱스사 사장인 친구 레드 우바치로부터 직원들에 대해 개인적인 관심을 갖는 것이 얼마나 중요한지를 배웠다. 레드 우바치는 종종 "저는 직원들을 사랑합니다."라고 말한다. 그는 그것을 자신의 리더십에 대한 실제적 전제조건이었다고 말했다. "리더십에 있어 정말 필요한 것은 사람들에 대한 관심과 이해다. 만약 당신이 하루일과를 마칠 때 당신의 관심사가 직원들 개개인의 복지를 위한 것이라면 그 때 당신은 직원들과 의미 있는 관계를 만들 수 있다. 그럴 때만이 원활하고 지속적인 대화를 위한 기반이 마련되는 것이다."

노력 없이 이와 같은 일은 일어나지는 않는다. 7~8년 전 코닝 사의 데빗 루터는 회사가 새로이 시작하려고 하는 품질개선 프로그램을 노조의 리더에게 확신시키기 위해 노력했다.

루터는 품질개선 운동의 중요성을 인식시키기 위해 그의 생각을 말하며 이 프로그램은 경영자와 노동자 모두의 삶을 증진시킬 것이라고 노조에게 약속했다. 그러나 노조의 리더는 루터가 한 말의 의미를 잘 몰랐다. 루터는 노조 리더의 말을 회상했다. "유감스럽지만 당신이 하는 말들은 다 허튼소리 같소. 당신이 노력하는 모든 것은 여기 있는 우리 노동자를 착취하기 위한 것이오." 루터는 그들을 확신시킬 수 없었다. 그의 방식으로는 그들을 신뢰시킬 수 없다는 결론에 도달했다. 그는 단지 이 일을 계속하겠다는 것만을 보여주었다.

그래서 그는 이렇게 말했다. "나는 내년에도 이 안을 가지고 되돌아올 것입니다. 그 다음 해에도 되돌아올 것입니다. 또 다음 해에도 되돌아올 것입니다. 나는 같은 자료를 갖고 계속 되돌아올 것입니다."

그리고 루터는 매년 계속해서 그 프로그램을 그들에게 전달했다. 그의 메시지가 이해되는 데는 7~8년이 걸렸다. 처음에는 작은 문제들에서부터 신뢰를 얻어야 했다. 그는 그들의 관심사에 대해 귀를 기울였으며 그들의 신뢰를 조금씩 얻어갔다. 결국 루터는 그의 메시지를 전할 수 있었다. 그의 인내가 그들과의 대화를 가능케 한 것이었다. 그 후 코닝사 노동조합은 품질개선 프로그램의 진정한 동반자가 되었다.

마지막으로 기억해야 할 것이 하나 있다. 절대로 상대방의 의견에 대해서 반박하지 말라. 자신의 의견을 내세우기 전에 우선 상대방이 무엇을 원하는 지에 대해 생각하라. 상대방으로부터 신뢰를 얻지 못하면 당신의 의견 또한 신뢰를 얻지 못한다. 상대방으로 하여금 당신에게 말을 하도록 귀를 기울이는 것이 대화의 첫 걸음이다.

의사소통은 신뢰를 바탕으로 만들어진다.

제 3 장

경청하는 자가 성공한다

나는 뉴욕의 한 출판업자가 주최한 저녁 파티에서 저명한 식물학자를 만났다. 식물학자와 얘기해 본 적은 한 번도 없었지만 그가 하는 얘기는 매우 흥미진진했다. 그 때 나는 의자 끝에 걸터앉아 넋을 잃고 이국 풍취의 식물들과 식물의 품종을 새로 개량하기 위한 실험, 실내 정원에 대한 얘기들을 들었다. 나도 조그마한 실내 정원을 갖고 있었는데 그는 내가 가지고 있는 문제점을 풀어 주기에 충분한 지식을 가지고 있는 사람이었다.

파티에는 10여명의 다른 손님이 있었으나, 나는 실례를 무릅쓰고 다른 사람들을 무시해 버린 채 그 식물학자와 몇 시간 동안이나 얘기를 나누었다.

자정이 가까워졌다. 나는 떠나는 모든 사람에게 인사했다. 식물학자가 파티를 주최한 사람에게 가더니 나에 대한 칭찬을 하기 시작했다. 내가 매우 흥미 있는 사람이라고 말한 다음 이러쿵저러쿵 칭찬을 하더니 마지막에 나에 대해 '정말 재미있게 이야기할 줄 아는 사람'이라고 말했다.

재미있게 이야기할 줄 아는 사람이라고? 그럴 리가 없다.

나는 거의 아무 말도 하지 않았다. 주제를 바꾸지 않는 이상 내가 할 수 있는 얘기는 하나도 없었다. 나는 식물학에 관하여 사실 아는 것이 없었다. 하지만 열심히 들었다. 진정으로 관심이 있었기 때문에 열심히 들었다. 그도 그것을 느꼈고 내 진지한 경청에 그도 만족하였다. 이러한 경청은 다른 사람에게 할 수 있는 최고의 찬사다. 그래서 실제로는 단순히 잘 듣고 그에게 말을 하도록 유도했을 뿐인데 그에게는 내가 대화를 매우 잘 하는 사람으로 인식된 것이다.

- 데일 카네기 -

우리들은 다른 사람들이 하는 얘기에 대해 그 얘기가 특별하지 않은 이상 별반 관심을 기울이지 않는다. 그러나 얘기를 잘 들어야 하는 이유가 있다. 첫째, 상대방에게 무언가 배울 수 있다. 둘째, 상대방과 더 가까이 지낼 수 있다. 사람은 누구나 자기의 얘기를 잘 들어주는 사람에게 호의적 반응을 보이기 마련이다.

모든 사람들이 경청하는 태도의 중요성을 명확히 알고 있으며 차갑고 근엄하게 앉아 있는 사람이 얼마나 어리석은가에 대해서도 알고 있다. 하지만 그러한 경청하는 태도는 대부분 일상생활에 묻혀 살며 쉽게 잊어버린다.

휴 다운즈는 ABC 방송사에서 '20/20' 이라는 프로를 오랫동안 진행해 온 진행자로써 방송 일을 시작하던 초기에 이 경청하는 법을 배웠다. 다운즈는 라디오 방송의 생방송 기자 시절 잘못했다는 간단한 실수로 유능한 동료 하나가 실패의 길로 몰락하는 것을 직접 목격했다.

"그는 30년대 크레믈린 감옥에서 탈출한 한 남자를 상대로 인터뷰를 하고 있었습니다." 라고 다운즈는 회상했다. "이 특별 출연자는 몇 달 동안 탈출하기 위한 통로를 어떻게 뚫었는지 이야기하고 있었습니다. '우리들은 파고 또 팠습니다. 오물을 먹기도 했습니다. 몰래 톱을 들여오기도 했습니다. 그리고 나서 통로가 감옥 담장 밖으로 나갔다고 판단을 한 후에 위로 파기 시작했습니다.

드디어 어느 날 밤 자정에 탈출할 기회가 왔습니다. 어렵게 통로를 뚫고 나가서 머리를 밖으로 내놓고 보니 아! 글쎄 조셉 스탈린의 사무실 바로 한가운데였지 않겠습니까!'

그런데 진행자가 그에게 뭐하고 말했는지 아십니까?

'취미는 무엇입니까? 라고 묻더랍니다.

'사실입니까? 조셉 스탈린의 사무실 말입니까?', '스탈린이 그 늦은 시간까지 일하고 있지 않았겠지요.' 또는 '그러면 정육점용 의자에 털썩 주저앉아서 그의 시가를 한 대 태우려고 했습니까? 라는 질문 대신에 말이죠".

진행자가 경청했었다면 청중이 하고자 하는 여러 가지 질문을 했었을 것이다. 그가 엉뚱한 질문을 했기 때문에 시청자는 이 놀랄 만한 사건의 클라이맥스를 놓쳤다.

물론 경청의 중요성이 직업적으로 인터뷰하는 사람에게

만 적용되는 것은 절대 아니다. 누구에게나 어느 곳에서나 어느 때에라도 다른 사람과 대화를 하려는 사람에게는 매우 중요한 일이다. 경청은 모든 대화기술 중에서 가장 기본이 된다. 감동적인 웅변보다 더 중요한 일은 우선 상대방의 이야기를 듣는 것이다. 여러 나라 말들을 할 수 있는 능력보다도 더 중요하다. 글 쓰는 재능보다도 더 중요한 것이 바로 경청이다.

열심히 듣는 것이 바로 효과적인 대화를 시작할 수 있는 지름길이다. 그러나 소수의 사람들만이 제대로 상대방의 이야기에 대해 경청할 줄 안다. 그리고 성공적인 리더들은 대부분은 경청의 가치를 깨닫고 실천으로 옮긴 사람들이다.

"나는 단지 산 위에 앉아서 우리가 해야 할 비전에 대해서 말하지 않는다."라고 모토롤라사의 품질 담당자인 리처드 C. 부에토는 말한다.

"다른 사람들로부터 정보를 알아내야 한다. 그러기 위해서는 많이 들어야 한다."

어디를 가든지 모토롤라 비전을 분명하게 말할 줄 알았던 연설의 천재인 부에토조차 말을 해서는 안 될 때를 알았다. 그의 말을 빌리면 "송신기를 끄고 들어야 합니다. 경청을 하면서 다른 사람들이 그들의 생각을 또렷이 얘기할 수 있도록 자신을 훈련시켜야 합니다."

이러한 이해는 경영자로서 부에토가 세워 놓은 자아상의 핵심이다. 그는 자신을 절대로 위대한 전략가나 대단한 회사 내의 만물박사로 표현하지 않는다. 그는 오히려 자신을 소식을 전하는 비둘기에 비유한다.

"모토롤라에서 저는 품질 문제를 한 건도 해결하지 못 했습니다."라고 그는 설명한다.

"만약 나에게 기계설비에 관한 일을 하라고 한다면 내가 할 수 있는 일은 담당자의 전화번호를 알려주는 정도입니다. 내가 하는 일은 좋은 아이디어를 듣고 나서 이곳 저곳에 알려주는 일입니다."

어느 누구도 완벽하게 모든 것을 알 수는 없다. 하지만 다른 사람의 말을 경청하는 일을 배우는 것이 완벽하게 모든 일을 일기 위한 최고의 방법이다.

호된 비평가들이 뭐라고 하든지 간에 사원들, 고객들, 친구들, 가족들의 얘기를 잘 들어라. 다른 사람의 의견을 그대로 맹종하라는 것이 아니라, 그들의 얘기를 경청하라. 그러면 당신은 다른 사람들의 아이디어에 대해 고마움을 느끼게 될 것이다.

SGS 톰슨 마이크로 전자사의 인사부 부장인 빌 마카힐라힐라는 말한다. "능동적으로 경청하는 사람은 보통 질문을 하고 즉시 결정을 내리는 사람이 아니라 대답할 때까지 기다리는 사람이다. 능동적인 경청은 의심할 여지도 없이 당신이 갑작스럽게 결론을 내리지 않는다고 생각할 때 일어난다."

마카힐라힐라는 경청을 매우 중요하게 생각했기 때문에 SGS 톰슨 관리자들 중 경청하는 데에 뛰어난 능력을 선보인 자들에게 '능동적인 경청상'을 수여하기도 했다. 그 사람들이 잘 듣고 있는지 아닌지를 알기 위해 3가지 질문을 만들어 냈다.

1. 당신은 질문을 한 다음에 답변을 기다립니까?
2. 질문 받은 사항에 대해 빠르고 직접적으로 대답합니까?
3. 다른 사람은 당신이 능동적으로 경청한다고 생각합니까?

세계적인 아이스크림과 요구르트 소매상인 베스킨라빈스의 전 회장인 윌리암 사벨이 한번은 네슬레 사 담당자와 함께 일본을 방문한 일이 있었다.

"나는 우선 일본에 자회사가 있는 미국 회사들을 방문했습니다."라고 그는 회상한다. 그는 처음 일본어를 배웠다. 그리고 일본 호텔에 투숙을 했다. 일본 음식을 먹었다. 일본과 관련된 모든 것에 둘러싸여 있기 위해 그가 할 수 있는 일들을 다 했다.

"중요한 일은 경청하는 것입니다."라고 사벨은 말한다.

"당신이 얼마나 똑똑한지를 알리면서 직접 대화로 들어가 말을 시작하기 전에 우선 상대방의 이야기를 듣는 것이 매우 중요합니다. 그 집단에 참여해서 사람들을 알아야 하고 그들과 상호작용을 하면서 지내야 하죠. 가끔은 벙어리가 되어야 합니다. 절대로 다른 사람보다 위에 올라서려고 하지 말아야 합니다. 돌아다니면서 모두에게 말을 하도록 하십시오. 열심히 듣고 너무 쉽게 결정을 내리지는 마십시오."

사람들은 다른 사람이 자신의 얘기를 들어주는 것을 좋아하고 경청해 주는 사람에게 항상 호의적반응을 나타낸다.

경청은 상대방에게 존경심을 보여주는 최고의 기술 중 하나다. 상대방을 중요한 사람으로 인식한다는 표시이기도 하다. '당신이 생각하고 행동하고 믿는 것이 나에게는 매우 중요하다.' 라는 것을 말해 주는 방법이기도 하다.

이상하게도 다른 사람의 의견을 듣는 것이 종종 그들의

생각을 당신이 생각하는 쪽으로 만드는 최고의 방법일 때가 있다.

존슨 대통령 때의 국방장관인 딘 러스크는 세계에서 가장 완고한 정치 지도자와 협상을 하면서 이 사실을 깨달았다.

"경청은 당신의 두 귀로 사람을 설득시키는 방법이다." 이것은 사실이다. 경청은 당신이 세상을 바라보는 방식으로 다른 사람도 볼 수 있게 설득시킬 수 있는 굉장한 힘을 가진 도구다.

단순하지만 명백한 사실은 사람들은 자신의 의견을 경청해 주는 것을 좋아한다는 점이다. 비즈니스 세계에서도 마찬가지다. 집에서도 물론 같다. 일생을 살면서 대하는 모든 사람에게도 해당되는 사항이다.

사람들에게 영향을 끼치는 비법은 훌륭하게 얘기하는 사람에게 있는 것이 아니라 경청하는 사람에게 있다.

대부분의 사람들은 자신들의 얘기를 많이 함으로써 상대방의 생각을 그들에게로 돌리려고 한다. 다른 사람들이 자신의 얘기를 할 수 있게 하라. 당신보다는 그들이 자신의 사업이나 문제점을 더 잘 안다. 그들에게 질문하라. 당신에게 얘기를 할 수 있도록 유도하라.

만약 그들 생각에 반대를 한다면 중간에 끼어들고 싶을 것이다. 하지만 그러지 말라. 위험한 일이다. 더 할 얘기들이 많음에도 불구하고 당신에게 보이던 관심을 중단할 것이다. 그러므로 침착하게 경청하며 천천히 마음의 문을 열도록 하라. 그 문제에 대해 진실해라. 그들의 생각을 충분히 얘기할 수 있도록 격려하라.

그들은 당신을 결코 잊지 못할 것이다. 그리고 당신도 한두 가지 그들에게 배울 점이 꼭 있을 것이다.

훌륭한 경청자보다 더
설득력이 강한 사람은 없다.

제 4 장

작은 관심이 상대방의 마음을 움직인다

63

친구 사귀는 법을 배우기 위해 책을 읽을 필요는 없다. 이쪽에서 접근하면 꼬리를 흔들며 멈추어서고, 쓰다듬어주면 좋아 어쩔 줄 모르는 강아지가 이 방면에서는 스승이다. 집이나 땅을 팔려 한다든가 결혼해 달라는 등 다른 속셈이 있어 이와 같이 애정을 표시를 하는 것이 아니다. 당신은 아무 일도 하지 않으면서 생활을 하는 유일한 동물이 개라고 생각해 본적은 없는가? 닭은 알을 낳아야 한다. 젖소는 우유를 만들어 내야하고 카나리아는 노래를 불러야 한다. 하지만 개는 아무 것도 하지 않고 오직 사랑을 주면서 산다.

2년 동안 다른 사람이 당신에게 관심을 갖도록 하는 것보다 두 달 동안 다른 사람들에게 진심으로 관심을 보임으로서 당신은 더 많은 친구를 사귈 수 있다. 그러나 우리는 남들에게서 주목받기 위해 평생 동안 다른 사람들을 괴롭히는 실수를 저지르곤 한다. 물론 이 방법은 효과가 전혀 없다. 사람들은 당신에게 관심이 없다. 그들은 나에게도 관심이 없다. 그들은 아침, 점심, 저녁으로 자신에게만 관심이 있다.

– 데일 카네기 –

린 포비치는 『뉴스위크』지에서 25년간 일해 왔다. 비서로 시작해 연구원을 거쳐 여성으로서는 처음으로 『뉴스위크』지의 최고 편집자가 되었다. 그녀는 연구원일 때 상관으로 모셨던 작가들과 편집자들의 관리를 담당했었다. "저에게 그것은 정말 새로운 경험이었습니다."라고 포비치는 말했다.

그녀를 상관으로 모셔야 하는 6개의 편집자들 중 한 사람만을 제외하고는 그녀의 진급에 대해 불평하지 않았다. 포비치는 회상하기를 "그는 처음부터 이 일에 반대를 했습니다. 나를 싫어해서가 아니라 내가 여자이기 때문에 반대를 했고 그 직위에 합당한 능력이 없다고 생각했죠. 나에게는 아무 말도 하지 않았지만 나는 다른 사람들로부터 그가 그런 생각을 하고 있다고 들었습니다."

포비치는 그런 문제로 괴로워하지 않았다. 그녀는 새로운 직무에 몰두하기 시작했다. 그녀는 기사거리를 개발했고 작가와 함께 시간을 보냈다. 그녀가 담당한 의학, 방송매체, 텔레비전, 종교, 생활방식, 아이디어 등 모든 분야에 진심으로 관심을 보이며 일에 몰두했다.

그러던 어느 날, 포비치가 임명을 받은 지 6개월째 되던 때 그녀에게 혹독한 비평을 했던 그가 사무실로 들어와 책상 앞 의자에 앉았다. "당신에게 할 말이 있소."라고 그는 말했다. "난 이번 인사에 대해 반대했었소. 난 당신이 너무 어리다고 생각했소." 그녀는 그가 단지 자신이 여자이기 때문에 승진을 반대했다고만 생각했었다.

"그러나 당신이 일에, 작가에게, 각부 편집자들에게 보인 관심에 대해 진심으로 감사하고 있소. 당신이 진급하기 전에 네 명의 편집자들이 그 자리에 있었는데 그들은 그 자리를 다음 단계로 가기 위한 직위로만 생각했을 뿐, 아무도 진심으로 신경을 쓰는 사람이 없었지요. 당신은 이 일에 진심으로 관심을 보였고 이런 관심은 모든 사람에게 본을 보여 주었소."

그녀는 그때의 일을 교훈 삼아 "일에 있어 우선 사람들을 진지하게 돌봐야한다."라고 말한다. "무엇보다도 무관심해서는 안 된다. 당신은 그들과 정기적으로 접촉해야 한다. 나는 자주 돌아다니면서 사람들과 많은 얘기를 한다. 우리 회사는 정기적인 회의가 있어서 여기에 있는 모든 사람들이 언제 나와 단 둘이 있게 될지를 안다. 그들은 하고 싶은 얘기를 마음껏 할 수 있다. 난 이런 일에 언제든지 시간을 낼수 있다. 나는 그들이 무엇을 하고 있는지에 대해 그리고 그들 개인의 일에도 관심을 갖기 위해 노력한다."

다른 사람에게 진심으로 관심을 표현하는 것 외에 다른 사람으로 하여금 당신에게 관심을 갖게 하는 더 좋은 방법은 없다. 사람은 진심으로 자신에게 관심을 보이는 사람에게 관심을 갖기 마련이다.

이것이 바로 인간심리학의 기본 개념들 중 하나다. 우리
는 다른 사람들이 우리를 향해 관심을 보일 때 기쁨을 느낀
다. 다른 사람들이 자신에게 갖는 관심은 자신을 특별하게
만들고 또한 자신이 그 사람에게 중요한 존재임을 느끼게
도 한다. 우리는 자신에게 관심을 보이는 사람들을 계속 곁
에 두고 싶어 한다. 우리는 그들에게 관심을 보임으로써 그
들의 관심에 보답하는 것이다.

관심을 표현하는 방법에는 여러 가지가 있는데 대부분 그
리 어렵지 않다. 관심의 표현은 전화로 부드럽게 통화하는
것처럼 간단할 수도 있다. 누군가가 전화를 걸어올 때, "안
녕하세요?" 하면서 "당신 목소리를 듣게 되어 기쁩니다." 라
는 듯이 인사하라. 상점가에서 낯익은 얼굴을 보았을 때 그
사람을 반기고 우연히 만난 것에 대해 진심으로 기쁨을 표
시하라.

사람들에게 미소를 지어라. 이름을 알려고 노력하고, 직
위를 정확히 알아라. 생일을 기억해라. 남편, 아내, 아이들

에 대해 물어 보아라.

당신 삶에서 중요한 사람들에게만 관심을 표현해서는 안된다. 그들은 아마 이미 많은 관심을 사람들로부터 받았을 것이다. 비서, 보조원, 접수원, 사내 배달사원 등 지나치기 쉬운 사람들이지만 당신이 정상적인 생활을 할 수 있도록 도와준 사람들에게 관심을 표하라. 그들의 생활에 대해서 물어 보아라. 이렇게 관심을 보일 때 당신에게 온 편지가 얼마나 빨리 당신 책상 위로 배달되는지를 알 수 있을 것이다.

대화를 시작하는 최고의 방법은 업무적인 대화일지라도 상대방과 연관이 있는 사항에 대해 먼저 언급하는 것이다. 사무실 벽에 있는 그림, 아이가 만든 연필꽂이, 방구석에 놓여 있는 스쿼시 라켓이 될 수도 있다. 관심, 경탄, 따뜻함이 들어있는 말을 하라.

"저 그림 참 좋은데요. 누가 그린 그림입니까?" 아니면 "스쿼시를 하세요? 배울 만 합니까?" 이러한 대화는 매우 단순하지만 이러한 것이 상대방에게 개인적이면서 기본적

기쁨을 부르는 카네기 지도론

인 관심을 불러일으켜 상대방으로 하여금 당신을 향한 긍정적이고 우호적인 분위기를 창출해 내는 것이다.

이렇게 관심을 나타내는 것은 성공적인 인간관계를 수립하는 기초가 된다. "당신은 나에게 매우 중요한 존재입니다. 관심이 있습니다. 마음이 쏠립니다."라는 뜻을 전달하는 것이다. 이런 말을 듣기 싫어하는 사람은 거의 없다.

데일 카네기는 이 점을 이해했다. "다른 사람이 당신을 좋아하도록 만들고 진정한 친구 관계를 맺고 스스로를 발전시켜 또 다른 사람을 돕고 싶다면, 이 원리를 기억해라. 다른 사람에게 진심으로 관심을 보여라."

아메리카 은행의 부회장인 스테피언 기셀즈는 사람들에게 진정한 관심을 보이는 것이 얼마나 중요한지를 어렵게 배웠다. 기셀즈는 일찍 성공을 거둔 사람 중 하나였다.

"1980년대 후반에 대학을 갓 졸업했을 때 나는 이미 거대한 투자 회사의 관리자였다. 25세에 로스앤젤레스 서부 지역에 아트데코 콘도가 있었고 벤츠도 소유하고 있었다. 난 모든 것을 다 가지고 있다고 생각했고 그러한 태도를 취했다."

그런데 1990년에 경기가 침체기에 들어섰다. 기셀즈는 말했다. "상사가 사무실로 부르더니 '기셀즈 씨, 중요한 것은 성과가 아니라 태도입니다. 이 사무실에 있는 사람들은 당신과 함께 일하기를 꺼려합니다. 이제 회사에서 떠나주십시오!'라고 말했다. 머리를 돌로 맞은 것 같은 기분이 들었다. 미스터 성공이라는 내가 해고를 당하다니! 월급을 많이 받을 수 있는 직장을 쉽게 찾으리라 생각했지만 그건 틀린 생각이었다. 모두들 '불황이 자네에게도 닥친 것을 환영하게나, 기셀즈!'라고 하는 것 같았다."

"몇 달 동안 직장을 찾으며 쓰라림을 맞본 후, 자신감은 없어지고 두려움이 고개를 들기 시작했다. 태어나서 처음으로 자신감을 잃고 격렬한 두려움에 사로잡혀 버리고 말았다. 다른 사람들과는 고립되어 버렸기 때문에 하소연 할 상대도 없었고 기댈 곳도 없었다. 철저히 혼자가 되었다."

그때서야 그는 자신이 다른 사람에게 관심을 가져야 한다는 것을 깨달았다. 그는 우선 다른 사람들의 얘기를 듣기 시작했다. 다른 사람에게 애정을 보이기 시작했다. 자신보다 못한 사람들과 만나면서 자신의 문제를 다시 보는 능력을 기르게 되었다. 그는 마음의 문을 열었고 인간적으로 호감이 가는 사람이 되었다.

"나는 사람들을 다른 시각으로 보기 시작했다. 내 태도는 변했고 사람들이 종전과 다르게 느껴졌다. 두려움은 줄어들었고 마음은 열렸다. 사람들은 점차 나를 주목하기 시작했다. 콘도를 팔고 벤츠를 팔았지만 내 삶의 질은 훨씬 좋아졌다. 3년 후에 나는 다시 관리자로 직업을 갖게 되었지만 그제서야 진정으로 나는 내가 친구라 부를 수 있는 동료들과 함께 할 수 있었다."

상대방에게 순수한 관심을 보이는 것보다
효과적이고 보답이 되는 것은 없다.

제 5 장

긍정적인 태도를 가져라

언젠가 라디오 프로그램에서 내가 평생 동안 배운 가장 중요한 교훈을 세 문장으로 말해 달라고 요청받은 적이 있었다. 그것은 쉬운 일이었다. "평생 배운 가장 중요한 교훈은 우리의 생각이 지니는 엄청난 중요성입니다. 생각이 당신을 만드는 것이므로 내가 당신이 생각하는 바를 안다면, 당신이 어떠한 사람인지를 알 수 있습니다. 생각을 바꿈으로써, 우리는 삶을 바꿀 수 있습니다."라고 나는 답했다.

나는 우리가 다루어야 할 가장 큰 문제는-사실상, 우리가 다루어야 하는 단 하나의 문제일 수도 있는데-올바른 생각을 선택하는 것이라고 확신한다.

로마 제국을 다스렸던 위대한 철학자인 마르쿠스 아우렐리우스는 이를 짧은 문장으로 요약하였는데, 이 문장은 당신의 운명을 결정지을 수도 있을 것이다.

"우리의 인생은 우리의 생각이 만드는 것이다."

그렇다. 행복한 생각을 하면 행복해질 것이다. 비참한 생각을 하면 비참해질 것이다. 무서운 생각을 하면 무서워질 것이다. 병적인 생각을 하면 정말 아플 것이다. 실패를 생각하면 확실히 실패할 것이다. 자기 연민에 빠져 있다면 모든 사람들이 상대하지 않고 피할 것이다.

내가 우리의 모든 문제에 대하여 낙천적인 태도를 옹호하고 있는 것인가? 그렇지 않다. 불행하게도, 인생이라는 것은 그렇게 단순하지 않다. 그러나 나는 부정적인 태도 대신에 긍정적인 태도를 취하자는 것을 주장하는 것이다.

― 데일 카네기 ―

마샬과 모린 코간 부부는 모든 면에서 상당한 성공을 거두었다. 마샬은 뉴욕의 각광받는 인물로서 『Art & Auction』

잡지의 편집장이 될 예정이었다. 그들의 세 자녀는 모두 사립학교에 다녔고 공부도 잘했다. 코간 가족은 뉴욕에 아름다운 조합식 아파트를 가지고 있었으며 이스트 햄프턴에 여름 별장을 짓기도 했다. 이 별장은 바다를 바라다보는 대규모의 현대식 건축물이었는데 전 세계 사람들이 이 특이한 집을 보기 위해서 몰려왔다. 이 별장은 전국 잡지에 실리기까지 하였다.

어느 날, 투자회사에 다니는 것을 싫어했던 마샬은 자기 사업을 시작하기로 결정하였다. 마샬의 높은 기대감과 동료와 친구들의 격려에도 불구하고 새로운 사업은 잘 되지 않았다. 타이밍이 아주 나빴다. 그가 사업을 시작하려던 때 경기가 후퇴하기 시작했다. 마샬의 모든 재산을 건 사업은 거의 하루 밤 만에 무너졌다. 이러한 불운에 최후의 강타가 가해졌다. 사업을 일으켜야 했던 가장 결정적인 순간에, 마샬은 간염으로 1개월 이상 집에서 요양을 해야 했던 것이다.

마샬의 거래 은행 관계자들은 개인적으로는 그의 사정을

동정하였지만, 요구사항에 대해서는 한 치도 양보하지 않으려 했다.

"새 집을 팔아야 할 겁니다." 마샬은 이 소식을 부인에게 전하는 것이 괴로웠다. 그는 그녀가, 혹은 아이들이 어떠한 반응을 보일지 두려웠다.

그러나 모린은 망설임 없이 "그렇다면, 집을 팔아요."라고 말했다.

코란 가족은 그 별장과 그 안의 모든 가구들을 다 팔았다.

"아이들을 별장으로 데려가야겠어요." 새로운 주인이 도착하기로 한 바로 전날 모린은 말했다. "아이들에게 각자 커다란 쓰레기봉투를 하나씩 주고 장난감을 모두 담으라고 하고, 뉴욕으로 가자고 하겠어요."

마샬은 자신이 없었다. "아이들에게 이런 것을 보여주고 싶지 않소. 아이들은 놔둡시다. 당신과 내가 알아서 처리해요."라고 그는 말했다.

"절대 안돼요." 모린은 그에게 말했다. "아이들도 같이 가야 해요. 실패한다는 게 어떤 일인지 아이들도 지켜봐야

해요. 아이들도 이해할 거예요. 당신이 재기하는 것을 보여주면 돼요. 그리고 아이들도 앞으로 그러한 일이 닥칠 경우 다시 일어설 수 있다는 것을 배우게 될 거예요."

그들은 차에 타고 이스트 햄프턴으로 향했다. 아이들이 방을 청소하는 동안, 마샬과 모린은 옷가지와 기타 개인용품들을 꾸렸다. 떠날 시간이 되자, 그들 모두는 집 계단에 잠시 함께 멈춰 섰다. 그리고 난 후 마샬은 문을 잠갔다.

가족은 모두 뉴욕으로 돌아가기 위해 다시 차에 탔다. 그러자 모린이 조용히 마샬에게 말했다. "우리 낙심하지 말아요. 이제 카리브 해로 여행을 갈 수도 없을 거에요. 이곳에 올 일도 없어요. 그래도 인생은 계속 된답니다."

그리고 나서 모린은 아이들에게 말하였다. "이제 우리는 별장이 없단다. 그러나 좋은 아파트를 가지고 있잖니? 우리 가족이 함께 있고, 아빠는 건강하시고, 새 사업을 시작하실 거야. 모든 일이 다 풀릴 거란다."

실제로도 그러하였다. 아이들은 학교를 바꿀 필요가 없었다. 그 해 여름 캠프에도 갈 수 있었다. 곧, 마샬은 다시 사업을 시작하였고, 일은 순조로웠다.

그 무엇보다도 중요했던 것은 아이들이 교훈을 배웠다는 것이다. 거의 20년 후에 다시 되새기게 될 교훈을.

모린은 다음과 같이 설명한다. "큰 아들이 사업에 실패했지요. 그 아이가 사업을 시작했었는데, 큰 파산을 막기 위해 문을 닫아야 했답니다. 그 아이에게는 크나큰 시련이었지요. 스물다섯의 젊은 나이에 말입니다. 나는 그 아이에게 물었습니다. '그래, 어떠니?' 큰 아들은 대답했어요. '끔찍해요, 몇 달 안에 문을 닫아야 할 것 같아요.' 그 아이는 파산하기를 원하지 않았답니다. 빚을 청산하고, 회사 문을 닫은 후 손 떼기를 원했지요. 결국 아들이 말했습니다. '아버지가 사업에 실패하셨을 때가 생각나요. 저는 괜찮을 거예요. 이런 역경을 반드시 헤쳐 나갈 겁니다. 그런 경우를 지켜보았고, 그것을 잘 기억하고 있으니까. 이겨낼 수 있어요.'"

여유로운 생각이 앞날을 보내는데 도움이 된다는 사실을 명심하라.

웰티도 이에 동의한다. "일이 잘 안 될 때는 여유를 갖고 휴식을 취하라. 무슨 일을 진행하고 있고, 그에 대한 자신의 반응은 어떠한지에 대하여 생각하라. 스스로에게 다음과 같이 말하는 것이다. '한 걸음 물러나서 다음 번에는 어떻게 게임을 풀어나가야 하는지 살펴보자.' 고 말이다." 짜증나게 하거나, 걱정을 주거나, 신경 쓰이게 하는 일들이 수백 가지가 있다. 사소한 일로 낙담하지 말라.

"도로에서 다른 차가 끼어들 경우, 당신이 할 수 있는 일은 두 가지 밖에 없습니다."라고 『샌디에고 비즈니스 저널』의 발행인 테드 오웬은 말한다. 그도 대부분의 남부 캘리포니아 사람들과 마찬가지로 도로에서 하루 일과를 소요하는 사람이었다.

"상대 운전자에게 욕을 하면서 손가락질을 할 수도 있고, 또 다른 방법으로는 어깨를 한 번 으쓱하고는 '곧 고물차가 되겠군. 그런 식으로 운전하면 그리 오래 가지 못하지.' 라고 혼잣말을 하는 것이 있죠."

어떠한 반응을 취하든 사무실에 도착하는 시간에는 아무런 영향을 주지 않을 것이다. 이 사소한 일에 그저 어깨를 한 번 으쓱하고 끝내 버리면 보다 행복하고 편안한 마음으로 사무실에 도착하게 될 것이다. 심지어는 생명이 연장될 수도 있다.

오웬도 태어날 때부터 이러한 편안한 마음가짐을 지녔던 것은 아니다. 한때는 과민한 성격에 시달리기도 했다. 그러나 나이가 들어감에 따라서 그러한 성격이 얼마나 자기 자신을 파괴하는지 알게 되었다. 다른 경영자들의 업무방식에 대하여 평가를 해야 하는 『샌디에고 비즈니스 저널』을 운영하도록 요청받았을 때, 그는 우선 자신의 자세를 고치기로 결정하였다.

"많은 사람들은 사소한 일에 지나친 반응을 보이는 경향이 있다. 이 일을 시작한 이래, 나는 일로 화를 내지 않으려고 노력한다. 다른 장소에서는 화를 내지만, 일을 하는데 있어서는 가급적 화를 내지 않는다."라고 그는 말한다.

우리는 주위에 행복하고 생산적인 친구나 동료를 두고자 한다. '나는 할 수 있어, 문제없어.' 라는 식의 태도를 가진 견지한 사람들을 말이다. 이와 마찬가지로, 항상 불평만 하는 사람 주위에는 사람들이 모이지 않는다.

왜 그러한가? 좋든 나쁘든, 마음가짐이 가지는 전염성 때문이다. 이것은 오늘날 성공적인 리더가 되고자 하는 사람들이 기억해야 할 중요한 개념이다.

긍정적인 마음가짐보다 더 강력한 자극제는 거의 없다.

코닝 사의 품질 담당관인 데이비드 루처는 디트로이트에서 어떤 노동조합장으로부터 긍정적인 사람들에 집중하는 것에 대한 중요함을 배웠다. 그 조합장은 링컨과 선더버드를 제조하는 공장의 노동자들을 대표하는 사람이었다.

"규모가 엄청났고, 품질 면에서도 매우 성공적이더군요." 라고 루터는 말한다. "이 사람이 일어나서 말하는 것이었어요. '저는 하면 안 된다고 하는 10%의 직원들을 뒤로 하고 하면 된다고 하는 90%의 직원들에 대하여 관심을 두면서 논의를 하기 시작하였습니다. 그리고 이러한 성과를 이루어 냈습니다.' 이것은 아주 통찰력이 있는 말이었습니다. 수많은 노사 협상은 항상 거부를 하는 10%의 사람들과 관련되기 때문입니다. 사람들은 항상 '반대자의 마음을 돌립시다' 라고 하지요. 하지만 이 조합장은 보다 더 지혜로웠습니다. 노동조합장은 '그것은 잘못된 방식입니다. 나는 앞으로 나아가고자 하는 90%의 사람들과 함께 일할 것입니다.' 라고 했는데 모든 사람들이 그의 의견에 공감했습니다."

루터는 코닝에서 이 원칙을 발전시켰다.

"궁극적으로는 부정적인 직원들의 일부를 내 편으로 만들 수도 있다. 그러나 90%의 직원들이 기꺼이 따라올 준비를 갖추었다면 마지막 몇 사람들을 이해시키느라고 갇혀 있기를 원하지는 않는다."

그렇다면, 리더의 가장 중요한 업무 중의 하나는 긍정적이고 자신에 찬 어조로 다른 사람들에게 '실패란 내 사전에 없다.'는 것을 보여주는 것이다. 줄리어스 시저가 갈리아에서 해협을 건너 지금의 잉글랜드에 병사들과 함께 상륙했을 때, 그는 병사들을 도버의 초크 절벽 위에 멈춰 세웠다. 200피트나 되는 절벽 밑을 내려다본 병사들은 자신들이 타고 온 배들이 모두 불타고 있는 것을 보았다. 그들은 적군의 땅에 들어왔고, 대륙과의 마지막 연결 고리도 끊어졌다. 최후의 퇴각 수단도 연기 속에 사라진 것이었다. 그들이 전진하는 것 말고 다른 수가 있었겠는가? 정복할 수밖에, 젖 먹던 힘까지 내어 싸울 수밖에 없었던 그들은 그렇게 하였다.

긍정적인 마음가짐은 이러한 생사의 갈림길에서만 중요한 것은 아니다. 이것은 행복한 생활과 성공적인 경력을 쌓는 비결이기도 하다. 이것은 리더십의 초석이다.

베테랑 ABC 뉴스 앵커이고 프로그램의 호스트인 휴 다운즈는 말한다. 그는 함께 일했던 동료들 중 저돌적으로 승진에 열을 올렸던 한 사람을 떠올린다. "그는 거의 병적이었어요. 그는 다른 사람들을 이용하고 '문을 발로 차서' 승진하고자 했지요."

처음에는 그의 뜻대로 되어 나갔다. 그러나 승진에 집착하여 그가 따돌린 사람들, 그가 이용한 사람들, 그가 무시한 사람들은 자신이 당한 일들을 잊지 않았다. 그들은 한결같이 그에게 분개하고 있었다. 누구나가 그러하듯이, 그가 어떤 문제에 걸렸을 때, 이들은 옆으로 비켜나 그가 쓰러지도록 하였다.

"나는 한 번도 기회의 문을 발로 차서 열어 본 적이 없습니다."라고 다운즈는 말한다. 그렇다면 그는 어떻게 이렇게 성공할 수 있었는가? 저돌적인 야망 대신에, 그는 인내와 정중함을 모든 사람에게 보였다.

"항상 방심하지 않고, 기회의 문이 열릴 경우 바로 뛰어들어갈 수 있어야 합니다. 문을 발로 차서 열면, 도리어 튕겨져 나온 문에 머리를 맞기 쉽거든요. 바로 이런 일이 내가 말한 그 남자에게 두세 번 일어났지요. 저는 그 남자를 보며 많은 교훈을 얻었습니다."

결국, 그의 이러한 마음가짐은 그에게 기대 이상의 효과를 가져왔다. 그와 같이 일하는 동료들이 그의 성공을 기꺼이 밀어 준 것이다.

"내가 가장 소중하게 여기는 것 중의 하나는 톰 머피가 내게 준 것이에요."라고 다운즈는 말한다. 머피는 캐피탈 시티즈 ABC의 회장이었다. "정확이 언제였는지는 잘 생각이 나지 않지만 아마도 50주년 기념 방송 즈음이었던 것 같습니다. 그는 내게 시계를 선물했는데, 거기에는 '훌륭한 사람은 여운을 남긴다.' 라는 글이 새겨져 있었습니다.

성공을 하기 위해서 세상을 상대로 올바른 마음가짐을 버리는 사람들이 있습니다. 그러나 그렇게 해서는 성공한다고 해도 그것은 일시적일 수 있습니다. 결국, 그것은 아주 고통스럽고, 주변에 수많은 적을 만들기도 합니다. 그리고 무엇보다 성공으로 오르는 과정의 즐거움을 즐기지도 못한다는 것입니다."

긍정적인 마음가짐으로 힘을 얻고,
부정적인 마음가짐으로 약해지지 말자.

제 2 부

자기 자신과 소통하는 법

제 1 장

생각이 바뀌면 인생이 바뀐다

수년 전의 일이다. 어느 날 저녁 이웃 사람이 찾아와서는 우리 식구들에게 빨리 천연두 예방 주사를 맞으라고 하였다. 당시 뉴욕 시 전체를 돌아다니며 접종을 권유하는 자원 봉사자들이 수천 명에 달하였다. 사람들은 예방을 받느라 수 시간 동안 줄을 서서 기다렸다. 예방접종소는 병원에는 물론, 소방서, 경찰서 그리고 대규모 산업단지, 공장에도 설치되었다. 수많은 군중들에게 예방접종을 실시하느라 2천 명 이상의 의사들과 간호사들이 불철주야로 열심히 일하였다. 뉴욕 시에서 여덟 명이 천연두에 걸렸고, 두 명이 사망하였다. 약 8백 명의 인구 중에서 불과 두 명이 사망한 것이다.

내가 뉴욕에서 산지도 수십 년이 되었는데, 걱정으로 생기는 병을 경고해 주기 위해서 찾아오는 사람은 아무도 없었다. 위에 말한 기간 중에, 걱정으로 인한 질병이 천연두로 인한 것보다 만 배에 달하는 환자가 배출되었는데 말이다.

이제 미국에서 살고 있는 사람들 10명 중 한 명이 신경쇠약에 걸릴 것이라고―대부분의 경우 근심, 걱정과 감정상의 갈등으로 인하여―나에게 경고해 주는 사람은 없다. 그래서 내가 여러분에게 경종을 울리고자 이 글을 쓰고 있는 것이다.

알렉시스 카렐 박사의 다음 말을 명심해라. "근심, 걱정을 이겨 내는 법을 모르는 사람들은 단명한다."

― 데일 카네기 ―

사람들은 치명적인 질병을 치료하는 법을―심지어는 예방하는 법까지도―잘 알고 있다. 앞으로 수년 내에 현재 우리를 불안케 하는 많은 질병들에 대한 치료법이 나오게 되리라는 사실은 자명하다. 그러나 근심, 걱정으로 인한 마음의 질병에 관해서는 진전을 보이지 않는다. 오늘날 사람들은 육체적 고통보다 마음의 근심으로 인한 고통을 호소한다.

이러한 현상은 오늘날의 비즈니스 세계에서 더욱 뚜렷하게 드러난다. 대기 발령, 매점, 기업 조직 개편, 기구 축소, 인원 삭감, 갑작스런 해고 통지, 긴축재정, 이직, 비용 절감 등 앞으로는 이러한 어구를 완곡하게 제대로 표현하기 위해서 새로운 사전이 등장해야 할지도 모른다. 이러한 일들이 궤양을 생기게 하는 데 충분치 않다면, '비용 억제' 라는 말은 어떠한가? 혹은 '부당 인수' 는 어떠한가?

우리는 한때 우량 기업으로 평가되었던 기업들이 근본까지 흔들리는 위기의 시대를 맞이하고 있다. 유망했던 회사들과 중간 경영층이 완전히 사라지고 있다.

회사들은 뱀이 껍질을 벗듯이 부서를 축소시키고 있다. 이런대도 부서장들 중 근심하지 않을 사람이 있겠는가? 새로운 회사 인수자는 더욱 축소시킬 분야가 어디에 있는지 눈을 크게 뜨고 살피고 있다. 몸을 도사리고 있는 임원들 중

불안감을 느끼지 않을 사람은 없다.

물론, 변화는 필요하다. 오히려 적절한 시기를 놓친 변화들도 있었다. 그러나 명백한 사실은 기구를 축소하고 경쟁력을 갖추지 않은 회사들, 창조성과 유연성이 결여된 회사들, 경쟁에 뒤쳐지는 회사들, 이른바 현대판 공룡들의 미래가 밝지 않다는데 있다.

변화는 근심을 유발한다. 변화는 스트레스를 유발한다. 변화는 사람들을 불안하게 한다. 예전에 불변부동이라고 여겨졌던 많은 가설들이 오늘날 변화를 맞고 있다. 따라서 어느 정도 불안감은 당연하다.

정신과 의사인 마빈 프로겔 박사의 이전 환자들은 대체로 배우자에 대한 감정, 자녀들에 대한 좌절감, 자신들이 처한 환경에 대한 분개 등 가정 문제에 대해 고민을 토로했다. 아직도 사람들은 그러한 문제들에 대하여 걱정하고 있기는 하지만 오늘날 프로겔 박사의 환자 대부분은 직장문제에 대한 고민을 호소하고 있다.

"대다수의 사람들은 직장을 잃게 될까봐 두려워하고 있습니다. 이런 현상은 처음 봅니다. 병원 문을 들어서는 사람들은 직장에서 일어날 일에 대한 두려움 때문에 문자 그대로 온 몸을 떨고 있습니다."

한 번의 조직 개편으로 한 두 자리만이 아니라 스무 자리씩이나 없어지게 된다. 많은 사람들이 해고를 당한다. 그리고 조기 퇴직이며 대기 발령이 나게 된다. 모두들 내일 당장 무슨 일이 일어날지를 모르고 있다.

"IBM의 경우를 보라!" 고 『블랙 엔터프라이즈』 잡지의 편집장인 얼 그레이브즈는 말한다. 한때는 경쟁 상대가 없었던 컴퓨터 업계의 제왕인 이 회사마저도 미국과 해외의 중소기업들로부터 도전을 받게 된 최근에 기구 축소를 단행하게 되었다.

데일 카네기가 근심이라는 주제에 눈을 돌렸을 당시, 세계는 여전히 대공항에서 헤어나지 못하고 있었다. 그는 학생들과 친구들의 얼굴에서 수심이 가득 찬 주름살을 볼 수 있었다.

카네기는 다음과 같이 적고 있다. "해가 지남에 따라서, 성인이 부딪쳐야 하는 가장 큰 문제 중의 하나는 바로 근심이다. 내 학생들은 대부분 직장인이었는데, 그들은 각자 문제를 하나씩 안고 있었다. 학생들 중에는 직장 여성과 가정주부도 있었다. 이들도 역시 크고 작은 문제를 안고 있었다. 당시 내게 필요한 것은 근심을 정복하는 법에 관한 교재였다. 그래서 나는 그러한 책을 찾고자 했다. 나는 5번가와 42번가 있는 뉴욕 최대의 공공도서관에 갔는데, 놀랍게도 근심에 관련된 도서는 불과 22권뿐이었다. 반면에 벌레에 관해서는 189권이 있었다. 벌레에 관한 도서가 근심에 관한 도서의 약 아홉 배에 달했다. 정말 놀라운 일이 아닌가? 근심은 인류가 겪고 있는 가장 큰 문제 중 하나다. 그러나 이 땅의 모든 고등학교와 대학에서는 근심을 멈추는 법에 관한 강좌가 개설되어 있다는 얘기를 들은 적이 없다."

카네기는 근심에 관하여 독서를 하고 연구를 하면서 7년을 보냈다. 그는 당대의 저명한 전문가들을 모두 만나 보았다. 그는 그들에게 구할 수 있는 모든 근심에 관한 도서를 읽고 조언을 구했는데 난해한 정신과 논문이 아니면 실질적인 지침으로서는 부적절한 것이 대부분이었다. 그렇지만 카네기는 읽고 연구하는 일을 멈추지 않았다.

그는 자칭 '근심을 정복하기 위한 연구실(자신이 강의하던 교실)'에서 학생들을 대상으로 연구 결과들을 실험하기도 하였다.

이러한 연구 결과, 근심과 스트레스에 관한 도서인 『카네기 성공론』이 1944년에 출판되었다. 역사상 최초로, 근심을 정복하기 위한 기본적인 방법을 단순하고도 직설적인 방식으로 소개했던 것이다. 그 후 수년에 걸쳐서, 근심에 대한 새로운 원인이 등장 할 때마다, 이 원리들은 수차례에 걸쳐서 갱신되었고 개정되었다.

오늘에 충실하자. 이러한 원리를 배우자. 일상생활에 원리를 적용하자. 그러면 자신의 생활을 보다 확실하게 조절할 수 있을 것이다. 스트레스와 근심에서 어느 정도 벗어날 것이다. 정신적으로도, 육체적으로도 보다 건강한 삶을 누리게 될 것이다.

캘리포니아 주 샌디에고에 있는 체이스 맨하탄 은행의 금융 업무 실적이 부진할 때였다. 대여담당 부서는 목표액보다 900만 달러나 뒤져 있었다. 그 부서의 직원들은 신경이 날카로워질 수밖에 없었다. 대여담당 부서의 책임자인 베키 커널리는 걱정으로 잠도 제대로 잘 수 없었다.

그러다가 그녀는 그날 그날의 업무에 충실하기로 결정하였다. 그녀는 직원들에게 말하였다. "잘 들어요. 대여 업무는 항상 주기를 타는 업무였어요. 하루하루의 업무와 고객 상담, 광고 결과 확인 등에 집중하세요. 우리는 이 슬럼프를 반드시 극복할 것입니다."

그 결과는 어떻게 되었을까? 만족스럽고 보다 생산적인 노동력으로 곧 대여업무가 활성화되었다. 미래와 과거에 집착하느라 얼마나 많은 에너지가 낭비되는가를 뒤돌아보면 분명 여러분은 깜짝 놀랄 것이다.

과거는 이미 지나간 것이고, 미래는 아직 도래하지 않은 것이다. 아무리 노력하여도 그 어느 것에도 영향을 미칠 수 없다. 우리가 영향력을 미치며 살 수 있는 때는 바로 현재이다. 그 때는 바로 오늘인 것이다.

가수 겸 작곡가인 닐 세다카는 이러한 이치를 그의 모친으로부터 배웠다.

'매일 매일을 선물이라고 생각 하거라. 좋은 일은 물론 나쁜 일도 견디면서, 가능한 좋은 일을 보다 더 많이 생각하도록 노력해보아라.'

이것은 결코 쉬운 일이 아니다. 그러나 세다카는 "그러나 할 수 있는 일이라고 생각했어요. 우리 모두는 문제를 안고 있고, 하루를 보내면서 항상 문제에 부딪히게 되잖아요. 그 때마다 그 문제를 밀어내고자 노력을 해야 해요."라고 말한다.

현재의 영역 안에서 일을 하자. 효용이 닿는 것에 에너지와 관심과 추진력을 집중시키도록 하자. 그것은 바로 오늘이다.

그리고 나서 일을 하도록 하자. 오늘에 충실함으로써 얼마나 많은 것을 성취할 수 있는가를 알게 된다면 놀랄 것이다. 스코틀랜드의 시인인 로버트 루이스 스티븐슨의 기막힌 이야기를 기억하라. "아무리 힘겨운 짐이라도, 깨어 있는 한은 누구나 자신의 짐을 감당할 수 있다. 아무리 힘들다 해도, 누구든지 그 날의 일을 할 수 있다. 누구든지 해가 질 때까지 달콤하고, 끈기 있고, 순수하게 살 수 있다. 이것이 바로 인생이 의미하는 바다."

사람들은 대부분 일어나지 않은 일에 대하여 근심을 하느라 너무 많은 시간을 낭비한다. 사실, 사람들이 근심하는 일들은 대부분 일어나지 않는다. "내 인생은 끔찍한 불운으로 가득 차 있었는데, 이들 대부분은 실제로 일어나지 않았다."라고 프랑스의 철학자인 몽테뉴는 고백하였다.

한 가지 방법은 가장 근심스러운 일들에 대하여 수학적으로 확률을 계산하는 것이다. 이는 바로 기업 소설가인 하비 맥케이가 살아오면서 실행했던 것이다. "일단 사실을 알고 그들에 대하여 확률을 계산하게 되면, 상황을 제대로 파악할 수 있습니다."라고 맥케이는 말한다.

비행기가 추락할 확률은 10만 분의 1일 수 있다. 금년 중에 해고될 확률은 500분의 1, 혹은 1000분의 1일 수 있다. 사실은 이보다 더 낮을 수도 있다. 커피를 책상에 엎지를 확률은 한 100분의 1일 수 있다. 그렇지만 이에 신경 쓸 사람이 누가 있단 말인가?

"길 건너에 경쟁 업체가 개업한다면, 이는 물론 심각한 일일 수 있다."라고 맥케이는 말한다. "그러나 잠시 생각해 보자. 그들이 장비를 제대로 갖추는 데는 3년이 걸릴 것이다. 우리는 여기서 32년간 업체를 운영해 왔고, 경험과 노하우와 많은 단골을 가지고 있다. 그들이 실제로 우리에게 어느 정도 피해를 줄 것이라고 생각되는가? 계속해서 확률을 계산하도록 한다." 아마 처음에 상상했던 만큼은 아닐 것이다.

그리고 불가피한 일은 받아들여라. 우리는 살아가면서 매일 각종 불쾌한 일에 부딪치게 된다. 그러한 일들 중 어느 것은 운 좋게 혹은 기술적으로 바꿀 수도 있다. 그러나 우리가 해결할 수 없는 일은 항상 있게 마련이다.

우리 모두가 삼라만상의 지배자가 아니라는 것은 정말 애석한 일이다. 그리고 다른 사람들이 우리가 원하는 대로 항상 행하지 않는다는 것도 애석하다. 하지만 그게 바로 인생이다. 우리가 보다 빨리 이를 인정하는 것을 배울수록, 우리는 보다 행복하고 보다 큰 성공을 이룰 것이다.

환경이 우리를 행복하거나 불행하게만 만들지는 않는다. 행복과 불행은 환경에 대한 우리의 반응에 달려 있다. 그러나 불가피한 것을 수용하는데 있어서는 그리 선택의 여지가 많지 않다. 대안은 보통 좌절과 쓰라림으로 점철된 삶이다.

불가피한 일에 대항하기를 멈추면, 우리는 그 문제를 해결할 시간, 에너지 그리고 창의력을 가지게 된다. "상황을

그대로 받아들이도록 하라. 이미 일어난 일을 인정하는 것
은 불운의 결과를 극복하는 첫걸음이다."라고 헨리 제임스
는 말한 바 있다.

손실 정지 명령을 내려라. 증시가 하락할 때마다 월 스트
리트의 투자가들이 하는 자문과 같은 질문을 해 보자. 이번
투자에 대해 어느 정도의 손실을 감당할 작정인가? 예기치
않게 증시가 하락할 경우, 주가가 어느 정도 떨어질 때까지
기다릴 것인가? 어느 시점에서 포기할 것인가?

월 스트리트에서는 이를 손실 정지 명령(stop-loss order)
이라고 한다. 거래자들에 대한 메시지는 증권가가 일정 가
격 밑으로 떨어지면 그 증권을 매각 처분하라는 것이다. 손
실은 감당하겠지만 단 한번의 실수로 운을 던져 버리지는
않겠다는 각오를 하는 것이다.

근심을 다룰 때, 이와 똑같은 방법을 택할 수 있다. 이 문
제에 대하여 어느 정도 근심할 필요가 있는지를 자문한다.
하룻밤 잠을 설칠 가치가 있는가? 아니면 일주일간 고민할

가치가 있는가? 나를 끊임없이 괴롭힐 만한가? 그런 정도의 문제는 거의 없다. 어떠한 문제에 대하여 어느 정도 근심을 할 가치가 있는지를 미리 결정한다.

경영이 부실한 회사에서의 일자리, 팀워크에 합류하기를 거부하는 직원, 위조품을 공급하는 업체 등은 깊이 근심할 만한 문제들이다. 그러나 어느 정도 근심해야 하는가? 이것이 바로 여러분이 결정해야 하는 것이다. 결국 '다른 일자리를 알아봐야지.' 혹은 '그를 승진 시켜라.' 혹은 '판매상의 목록을 점검해 보자.' 라는 결론을 내릴 때가 올 것이다.

온 세상의 근심 걱정을 도맡아야 할 정도의 문제는 없다.

모든 일의 균형을 잡자. 어떤 일들은 근심할 만한 일고의 가치도 없다. 너무도 사소한 일들이다. 바람이 심해서 머리가 헝클어질까? 오늘 상사가 내게 웃어 줄까? 대부분 이것은 문제가 되지 않는다. 그러나 이러한 사소한 일로 영향을 받는 사람들도 있다. 얼마나 낭비인가? 인생에 있어서 정말 문제가 되는 일들이 있고, 그렇지 않은 일들도 있다. 이들을 구분하는 법을 배움으로써 근심을 반으로 줄일 수 있다.

근심을 떨어 버리는 훌륭한 방법들이 있음에도 불구하고 우리 모두는 살면서 계속해서 문제에 봉착하게 된다. 우리는 불가피한 것은 그대로 받아들이고, 근심서리에 대해 확고하게 손실 정지 명령을 내릴 수 있다. 그리고 이러한 근심이 어떤 파멸을 가져올 것인지를 생각해 볼 수 있다.

여기근심거리에 현명하게 대처하기 위한 3단계 접근법이 있다. 이 3단계를 그대로 실천한다면, 자신의 문제를 더욱 명쾌하게 파악할 수 있을 것이다.

1. 최악의 사태는 무엇인지 자문한다. 다행스럽게도, 우리가 겪는 문제들은 대부분 생사의 문제가 아니다. 그러므로 최악의 사태는 중요한 거래 선을 잃게 되는 것일 수 있다. 혹은 모임에 지각하는 일일 수 있다. 혹은 상사가 호통을 치는 일일 수 있다. 혹은 기대하던 승진 심사에서 탈락하는 것일 수 있다. 불쾌할까? 물론 그렇다. 말 못할 근심의 원인이 될까? 당연하다. 그렇다면 치명적인 것일까? 그렇지는 않을 것이다.

2. 필요하다면 최악의 경우에 대비하도록 한다. 이는 가만히 누워서 실패를 기다리라는 뜻이 아니다. 이는 '그래, 정말 그래야만 한다면 그래야겠지.' 라고 스스로 타이른다는 것을 뜻한다. 그리고 사실 우리는 거의 언제나 '최악의 상황' 을 딛고 일어설 수 있다. 즐거울 리는 없다. 즐거운 척할 필요도 없다. 그러나 승진을 하지 못한다거나 질타를 받는다고 해서 세상이 끝나는 것은 아니다. '그래, 최악의 사태가 무엇인가? 하고 진지하게 생각해 본다면, 실제 문제에 보다 침착하게 대처할 수 있다.

3. 그런 다음에는 최악의 사태를 호전시키기 위하여 침착하게 체계적으로 대처한다. '이 상황을 호전시키기 위하여 무슨 일을 할 수 있을까? 얼마나 신속하게 행동해야 하는가? 누가 도움을 줄 수 있을까? 첫 조치를 취한 후 두 번째, 세 번째, 네 번째, 다섯 번째로 취해야 할 조치는 무엇인가? 내가 취한 조치들이 성공 여부를 어떻게 측정할 수 있는가? 등을 자문한다.

자신이 근심을 하고 있다는 것을 알게 되었다면, 새로운 일을 해 보도록 하자. 새로운 기술을 배운다거나, 자신이 믿는 다른 일을 한다. 다른 사람들이 필요로 하는 것에 집중한다. 분주해지면 자신의 문제를 잊을 수 있다. 그리고 다른 사람들을 도와주고 있게 되면 자신에 대하여 보다 만족하게 될 것이다.

근심을 이기고 삶의 활력을 찾자.

제 2 장

목표를 정하면 성공이 보인다

23살때 나는 뉴욕에서 가장 불행한 청년 중 하나였다. 그 당시 나는 생계를 위해서 트럭을 판매하고 있었다. 하지만 나는 모터 트럭이 어떻게 움직이는지도 몰랐다. 사실 알고 싶지도 않았다. 나는 내 직업을 경멸했다. 바퀴벌레들이 득실거리는 웨스트 56번가의 싸구려 셋방에 살았다. 벽에 몇 개의 넥타이를 걸어 놓고 있었는데, 아침마다 넥타이를 잡으려고 손을 뻗으면 바퀴벌레들이 사방으로 튀던 모습이 아직도 생생하다. 나는 바퀴벌레가 있을 법한 더러운 싸구려 식당에서 식사를 해야만 하는 현실도 경멸했다.

나는 매일 밤 좌절, 근심, 슬픔때문에 아픈 머리를 싸매고 썰렁한 셋방으로 돌아왔다. 대학 시절에 키워왔던 꿈들이 악몽으로 변했기 때문에 나는 반항적으로 변해갔다. 이것이 인생이란 말인가? 이것이 내가 그렇게 열렬히 기대했던 활기찬 모험이었단 말인가? 내 인생이라는 것이 고작 내가 경멸하는 일을 하고 미래에 대한 아무런 희망도 없는 이러한 생활이란 말인가? 나는 독서할 수 있는 여유를 갈망했다. 대학 시절에 꿈꾸던 책을 쓸 수 있기를 간절히 바랐다.

나는 내가 경멸한 일자리를 포기함으로써 모든 것을 얻을 수 있으며 잃을 것은 아무것도 없다는 것을 알았다. 나는 많은 돈을 버는 것보다 가치 있게 살고 싶었다. 그래서 결심하였는데, 그 결정으로 인하여 나머지 내 인생은 내가 꿈꾸던 것보다 더 행복하고 보람에 가득 차게 되었다.

내 결심은 이러한 것이었다. 내가 혐오하는 일은 그만두고, 미주리 주 워렌스버그에 있는 국립교대에서 교사 준비를 하면서 4년을 보낸 경험을 바탕으로 야간학교에서 성인 학급을 가르쳐서 생계를 유지하는 것이었다. 그렇게 되면 낮에는 책을 읽고, 강의를 준비하고, 소설과 단편을 쓸 자유시간을 가지게 될 수 있을 것이었다. 나는 "쓰기 위해서 살고, 살기 위해서 쓰자."고 굳게 다짐했다.

– 데일 카네기 –

데일 카네기는 그의 꿈대로 위대한 소설을 쓰지는 못했다. 그러나 그는 교사, 사업가, 인간관계에 관련된 책들의 저자로서 뛰어난 성공을 거두었다. 그는 전 세계 사람들에게 영감을 주었다. 그는 자신을 위한 목표를 설정하고, 이러한 목표를 상황에 맞게 조정하고, 목표를 결코 놓치지 않으려고 노력함으로써 이러한 모든 것을 달성했다.

목표는 이렇듯 사람의 일생을 한순간 바꾸어 놓는다.

세계 정상급 체조 선수로 유명한 메리 루 레튼은 한때 웨스트 버지니아 주의 고등학교 2학년생에 불과했다. "나는 주에서는 최우수 선수였으나, 전국에서는 아무것도 아니었어요."라고 그녀는 말한다. 그녀는 네바다 주 르노에서 개최하는 체조경기에 참가했다. 그 경기에 나디아 코마네치를 올림픽 금메달 선수로 키워낸 코치 벨라 카롤리가 참석했다. 그는 그녀에게 다가갔다.

"그는 체조계의 제왕이었어요."라고 레튼은 회상한다. "그가 내게 다가와서 내 어깨를 가볍게 툭 쳤어요. 그는 키가 컸어요. 190cm 정도 되었지요. 그가 내게 와서 루마니아

액센트로 말했습니다. '메리 루, 내 밑으로 오거라. 올림픽 챔피언으로 만들어 줄테니……'

레튼의 마음속에 처음으로 떠오른 생각은 '아니, 난 안 돼!' 였다.

그러나 벨라 카롤리는 네바다 경기장의 모든 체조 선수들 중에서도 그녀를 지목했다. "그래서 우리는 함께 앉아서 얘기를 나누었어요." 레튼은 기억한다. "그는 부모님에게 말했어요. '메리 루가 올림픽 선수가 될지 보장할 수는 없습니다. 그렇지만, 그럴만한 자질을 갖추고 있다고 생각합니다.'

얼마나 근사한 목표인가! 어린 시절부터 그녀는 올림픽에 참가하는 꿈을 키워 왔던 것이다. 그러나 바로 그 얘기가 이 위대한 사람의 입에서 흘어 나오는 것을 듣고, 레튼은 이 목표를 굳혔다.

"그것은 내게 정말 큰 모험이었습니다. 가족과 친구들과 떨어져서 이전에 한 번도 만난 적이 없는 사람들과 같이 생활하고 전혀 몰랐던 소녀들과 연습을 해야 하는 일이었거든요. 이것은 나를 두렵게 했어요. 무슨 일이 일어날지 알지 못했거든요. 그렇지만 흥분되기도 했어요. '이 사람이 나를 훈련시키려는 거야. 웨스트버지니아의 페어마운트에서 온 보잘것없는 나를……' 내가 선택되었던 거지요."

그로부터 2년 반 후에 메리 루 레튼은 10점 만점을 두 번 받고 미국에게 체조 금메달을 안겨 주었다. 그녀는 카롤리를 실망시키지 않았던 것이다.

목표는 우리가 겨냥할 무엇인가를 준다. 목표는 우리가 노력을 집중하도록 한다. 목표는 우리가 성공을 측정할 수 있도록 한다. 그러므로 목표를 세우자 - 도전적이면서 현실감이 있는 목표, 명백하고 측정 가능한 목표, 단기적인 목표, 그리고 장기적인 목표를…….

여러분이 하나의 목표에 다다르면 두 번째 것에 도전하라. 그러고 나면 이미 달성한 것에 의해 대담해지고 힘과 활력을 얻어서 그 다음 단계로 전진할 것이다.

뉴욕 시의 자선가로 유명한 유진 랭은 어느 날, 고등학교 6학년 학생들에게 졸업사를 하게 되었다. 그가 졸업사를 하게 된 학급에는 대학에 갈 희망이 전혀 없는 학생들이 대부분이었다. 졸업자 끝머리에 랭은 깜짝 놀랄 만한 제안을 하나 했다.

"여러분 중 고등학교를 무사히 졸업하는 학생들에게는 제가 대학 학비를 위한 기금을 책임지겠습니다."라고.

그 6학급의 48명 학생들 중에서 44명이 고등학교를 졸업하였고 42명이 대학에 갔다. 도시 중심가 학생들 중 40퍼센트는 대학에 가는 것은 물론 고등학교도 졸업하지 못한다. 물론 그 날의 기금 제안 하나만으로 그러한 커다란 성공을 거둘 수는 없다. 랭은 학생들이 학업 도중 필요한 지원을 받을 수 있도록 노력을 아끼지 않았다. 나머지 6년의 재학 기간 동안 랭은 그들을 모니터하고 상담하였다. 랭이 제안한 도전적인 목표는 학생들에게 한 번도 가능하다고 생각하지 못했던 미래를 그려볼 수 있는 기회를 주었다. 그리고 스스로 미래를 그려봄으로써 학생들은 꿈을 실현시킬 수 있었다.

운동화 제조회사인 리복 인터내셔널 사는 기업의 중점 목
표를 설정했다. 샤킬 오닐을 스카우트하라. 당시 올란도 매
직의 스타는 그리 쉽게 공략되지 않았다. 수많은 주요 회사
들이 그를 회사 모델로서 고용하려고 애를 썼다.

"우리가 다른 어느 누구도 할 수 없는 프로그램을 그를 위
해 만들 각오가 되어 있다는 것을 그에게 확신시키는 것은
결코 쉬운 일이 아니었습니다."라고 리복의 회장 폴 파이어
맨은 말한다.

회사 전체가 그를 스카우트하기 위한 총력전을 펼쳤다.
"우리는 그가 참여하기도 전에 그 만을 위한 광고 캠페인을
만들었다. 그 목표를 이루기 위해 돈과 노력을 아끼지 않았
다. 우리는 그를 스카우트하기 위해 위험을 감수하는 도박
을 했던 것이다."

"우리가 실패했더라면, 회사는 큰 타격을 입었을 것이
다."라고 파이어 맨은 말했다. "우리가 그 정도의 노력을 기

울이지 않았더라면, 회사가 감수해야 할 타격도 없었을 것이다. 그러나 마찬가지로 그러한 선수를 스카우트 할 수도 없었을 것이다."

목표는 성공이라는 경력을 구성하는 벽돌이다.

잭 갤라허는 집안 대대로 내려오던 타이어 사업체에서 일했다. 거기서 그는 회계, 서무, 제조 및 판매 등 거의 모든 자리를 섭렵하며 일을 배웠다. 타이어 사업체에서의 모든 경험으로 그는 한 가지를 확실히 알게 되었다. 타이어 업계에서 일하고 싶지 않다는 것이었다.

어느 날, 갤라허는 지방병원에서 원무국장으로 일하고 있는 고등학교 친구를 우연히 만났다. '그래, 바로 그 일이야.' 하고 갤라허는 생각했다. '나는 사람들을 돕고 싶어. 나는 옳은 일을 위해 사람들을 주도하고 싶어.' 잭 갤라허와 병원 원무국장 간에는 몇 가지 커다란 장애물이 있었다. 그 하나는 병원 관리 분야의 대학 졸업장이었고, 다른 하나는 병원에서의 일자리였다. 그러나 갤라허는 목표를 세웠고, 곧 장애물을 뛰어 넘기 시작했다.

그는 예일 대학에 원서를 제출했다. 켈로그 재단으로부터 장학금도 받았다. 지방 은행에서 대출도 받았다. 밤에는 노스 쇼어 대학병원의 사무실에서 근무하며 생활비를 벌었다. 학위를 받은 후, 그는 바로 노스 쇼어 병원의 관리자 레지던트에 지원했다.

"나는 병원 이사회의 이사장인 잭 하우스마노와 면접을 가졌습니다."라고 갤라허는 회상했다. "아마 그와 3분 정도 얘기를 나누었을 겁니다. 그 3분 내에 그를 납득시켜야 했죠. 그는 내가 결혼해서 3명의 아이를 두고 있다는 사실을 알고 있었습니다. '어떻게 생활을 꾸려 나갈 것입니까?' 하고 그가 물었습니다. 그 당시 레지던트의 급료는 3,900달러이었지요."

갤라허는 자신의 대답을 회상한다. "하우스만 씨, 저는 당신과 면접하러 오기 훨씬 이전부터 그에 대한 대책을 세워 놓았습니다. 저는 레지던트 기간 중에 생계를 유지하고 그 후에 관리직으로 승진할 수 있도록 모든 것을 정리해 놓았습니다."

갤라허는 목표를 가지고 있었다. 그는 세세한 데까지 모든 것을 계획했다. 그는 목표를 향하여 끊임없이 노력했다.

오늘날 그는 노스 쇼어 병원의 최고 경영자다.

30년 이상 팝 음악가의 자리를 지켜온 가수 겸 작곡가인 닐 세다카는 어린 시절 브루클린의 험한 지역에서 성장했다. 그는 불량배들 축에 끼지 않았다. 그가 가장 처음 세운 목표는 남들로부터 호감을 사서 고등학교를 마칠 때까지 살아남는 것이었다.

세다카는 회상했다. "나는 싸움을 못했다. 그래서 남들로부터 호감을 사야 했다. 싸움에 대한 두려움에 나는 언제나 그들에게 호감을 사고자 했다." 어쨌든 청년 닐은 그의 개인적인 목표를 달성하는 현명한 방법이었던 음악을 사용하여 그들에게 접근했다.

"링컨 고등학교 근처에는 과자 가게가 있었고, 가게 뒤편에 자동전축이 있었다. 불량배들과 가죽옷을 입은 아이들은 모두 거기에 서성거리며 앨비스와 패츠 도미노의 노래를 들었다. 그 당시는 록큰롤이 붐을 일으키던 시대였다. 그래서 나는 록큰롤 곡을 작곡해서 노래를 했는데, 그 이후 나는 그 아이들의 영웅 대접을 받았다. 과자 가게의 자신들 구역도 사용할 수 있도록 해 주었다."

세다카가 불량배들로부터 인정받는 것에 관심을 기울였어야 했는가는 중요하지 않다. 이러한 일은 고등학교 시절에는 상당히 중요한 것처럼 보일 수도 있다. 그러나 그는 본능적으로 전혀 자신과 다른 부류의 사람들에게 접근하는 방법과 그 당시 그에게 중요한 것을 어떻게 달성하여야 하는지에 대해 알았다. 결과적으로 세다카는 고등학교 시절의 목표로 했던 것이 그의 평생의 직업이 되었으며, 이러한 초기의 성공을 발판으로 그는 미래의 스타를 꿈 꿀 수 있는 자신감을 지니게 되었다.

목표는 현실적이어야 하고 달성될 수 있어야 한다. 오늘 모든 것을 이루어야 한다거나, 이룰 수 있다는 오류는 범하지 말라. 올 해 꿈을 이룰 수 없을 지도 모른다. 그러므로 중간목표를 설정하도록 하라. 이러한 점진적인 목표 접근 방법을 세움으로써 애쉬는 테니스계의 최고 스타가 되었다. 애쉬는 다음과 같이 설명했다. "초기에 내 코치들은 명확한 목표를 설정하였고, 나는 그 목표를 내 것으로 하였다. 그들 목표는 반드시 테니스 시합에서 승리하는 것만은 아니다. 우리가 어렵다고 생각한 일들, 고된 훈련과 계획이 필요한 일들이 목표였다. 그리고 내가 그들 목표를 달성하면 경기장에서 그에 따른 보상이 있었다. 그 후의 목표도 시합에서 승리하는 것은 아니었다. 이렇게 점차적으로 중간 목표를 달성하다 보니 나도 모르는 사이에 '아, 내가 정상에 도달하고 있구나.' 하고 알게 되었다."

애쉬는 이렇게 하여 힘든 테니스 시합을 치렀다. "토너먼트에서 준결승까지 진출하고자 한다든가 혹은, 한 시합에서는 백핸드 샷을 정해진 개수만큼 놓치지 않으려고 한다든가 혹은, 날씨가 무더울 때 지치지 않도록 체력을 증강시키고자 한다던가 하는 이런 종류의 목표를 설정해 놓으면 우 승을 하거나 토너먼트를 전부 휩쓴다거나 하는 어려운 최 종 목표를 추구하는 데 도움이 된다."

대부분의 큰 도전은 일련의 중간 목표를 설정함으로써 가장 잘 이겨낼 수 있다. 이렇게 하는 것이 훨씬 최후의 목표에 근접 할 수 있는 힘과 의욕을 준다. 작은 목표들을 세워라. 이들을 달 성하라. 그 후 새롭고 그보다 약간 큰 목표들을 세워라. 이들을 달성하라. 이렇게 계속하라.

루 홀츠가 노트르담의 수석 축구 코치가 되기 훨씬 전에 그는 자신이 경기를 하는 것 외에는 아무것도 바라지 않았 다. 그러나 그가 고등학교 팀에 소속되었을 때 그의 몸무게 는 115파운드 밖에 나가지 않았다. 홀츠는 자기 체구가 너 무 작다는 것을 알았다. 그래도 그는 너무도 열렬히 경기를 하고 싶었다. 그래서 그는 하나의 계획을 세웠다. 그는 팀의 11개 포지션을 모두 외웠다. 그렇게 해서, 어느 선수가 다치면 그는 즉시 경기장에 투입될 준비를 갖추었다. 그래서 그는 한 번이 아니라 11번의 기회를 지니게 되었다.

"비즈니스 세계에서도 마찬가지다."라고 작가인 하비 매키는 말한다.

"사무실에 근무할 경우, 전화 시스템을 배우겠다고 자원하라. 컴퓨터에 무슨 내용이 있는지 알아보겠다고 지원하라. 영업부에 소속될 경우 컴퓨터를 배우려고 하라." 그렇게 노력하면, 언젠가 기회가 온다. 그리고 기회가 올 경우 그것을 포착할 가능성이 훨씬 커진다. 목표는 루 홀츠가 했던 것처럼 자기가 소속팀에 혹은 소속 회사에 보다 가치 있는 사람이 되게 한다.

모든 일의 요지는 목표들을 세운 후 목표를 달성하고자 노력해야 한다는 것이다. 때로는 계획한 대로 일이 진행될 것이고, 때로는 생각했던 것보다 시간이 오래 걸릴 것이고, 때로는 할 수 있으리라고 생각했던 일을 완수하지 못할 것이다. 이루어질 수 없는 일들도 있다. 요점은 항상 계획을 세우고 꾸준히 노력하라는 것이다. 그렇게 하면 원하는 곳에 도달 할 수 있다.

스칼라만더 실크의 아드리아나 비터가 말한 바와 같이 "때로는 목표를 너무 높게 설정해서 항상 정상에 도달하는 것은 아니지만, 계단을 올라가는 시작을 할 수는 있는 것이다."

구체적인 목표가 없으면, 자신의 삶을 주도하지 못하고 그저 표류하기가 쉽다. 어느 것도 긴급히 처리해야 한다는 절박감이 없기 때문에 시간을 함부로 허비하게 된다. 마감시한도 없다. 오늘 반드시 해야 할 일도 전혀 없다. 어떠한 일이건 무한정 연기할 수 있다. 그러기에 목표는 우리에게 방향을 제시하고 우리가 최대한 집중할 수 있도록 독려해준다.

목표를 세울 수 있는 현명한 방법이 몇 가지 있다. 루터는 자기 자녀들에게 이렇게 말했다. "한 걸음 물러서서 자문해보렴. '내가 정말 되고 싶은 것은 무엇일까? 어떠한 인생을 영위하고 싶은가? 지금 올바른 방향으로 나가고 있는 것인가? 라고 말야."

일단 목표를 설정하면, 그것들의 우선순위를 정한다. 한 번에 모든 일을 다 할 수는 없다. 따라서 생각해 보아야 한다. 어느 것이 우선인가? 지금 내게 가장 중요한 목표는 무엇인가? 그러고 나서 이러한 우선순위를 반영하도록 시간과 에너지를 조직화하도록 한다. 이것이 가장 힘든 부분인 경우가 많다.

『샌디에고 비즈니스 저널』잡지의 발행인인 테드 오웬은 목표의 우선순위를 정하기 위해서 심리학자인 친구의 충고를 따랐다. "그 친구가 내게 종이 한 장을 꺼내어 주며 중심에 세로 선을 하나 그으라고 말했습니다. 좌측에 원하는 번호를 적으라고 했어요. 나는 1에서 10까지 적었어요. 그러고 나서 100세든 60세든 50세든 은퇴하기 전에 인생에서 달성하고자 하는 열 가지 일을 적는 것이지요. 열 가지 일을 적습니다. 은퇴 후 좋은 프로그램을 갖고 싶고, 좋은 집을 갖고 싶고, 행복한 결혼생활을 하고 싶고, 항상 건강하고 싶고, 그 열 가지 일이 무엇이든 말입니다. 그러고 나서 반대

기적을 부르는 귀벨기 지도론

쪽 면에 그 열 가지 일들의 우선순위를 정하는 것입니다. 열 가지 중의 하나가 1번이 되도록 말입니다."

너무 간단한 방법이라고 생각하는가? 그럴 수도 있다. 자신이 원하는 목표를 정하는데 도움이 되기도 한다. 이러한 과정을 통해서 오웬은 자신에 관해서 모르고 있던 일을 발견했다.

"보수가 좋고, 안정되고, 흐뭇한 느낌을 주는 직업이 7번에 위치한다는 것을 발견하였다." 일단 1, 2, 3, 7 등의 번호를 정하고 나면, 작업이 훨씬 쉬워진다.

명확하고, 도전적이고,
달성 가능한 목표를 설정하라.

제 3 장

자기관리에도 밸런스가 필요하다

오랫동안 반복적인 군사 훈련을 해서 강한 체력을 지니게 된 미 육군의 청년들 일지라도 일을 할 때 한 시간마다 10분씩 휴식을 취한다. 행진을 보다 오래 할 수 있기 때문이다. 당신의 심장은 미 육군과 마찬가지로 현명하다. 당신의 심장은 매일 온 몸으로 연료 수송용 탱크를 채울 수 있는 양의 혈액을 펌프질한다. 심장은 24시간 내내 3피트 높이의 단으로 20톤의 연료를 채워 넣을 수 있도록 힘을 쏟는다. 심장은 50년, 70년 혹은 90년 동안 이와 같이 상상을 초월하는 엄청난 양의 작업을 하는 것이다. 어떻게 그렇게 할 수 있을까? 하버드 의과대학의 월터 B. 캐논 박사는 다음과 같이 내게 설명했다. "실제로 심장은 수축할 때마다 일정한 휴식을 취한다. 일 분간 70번의 맥이 뛸 경우, 심장은 24시간 중 9시간만 작동을 하는 것이다. 즉, 하루에 15시간은 휴식을 취하고 있다."

제 2차 세계대전 중, 윈스턴 처질 경은 하루에 16시간을 일하면서, 영국제국의 전쟁을 지휘할 수 있었다. 놀라운 기록이다. 그의 비밀은? 그는 오전 11시까지는 침대에 누워서 보고서를 읽고 지시를 내리고, 전화를 하고, 중요한 회의를 주도하였다. 점심 식사 후, 다시 1시간가량 낮잠을 잤다. 저녁에는 8시에 저녁 식사를 하기 전에 2시간 동안 다시 한번 눈을 붙였다. 그는 피로를 느끼고 치료했던 것이 아니다. 그럴 필요가 없었다. 그는 피로를 예방했던 것이다. 번번이 휴식을 취했기 때문에 자정이 훨씬 지나서까지 활기차게 일할 수 있었던 것이다.

– 데일 카네기 –

톰 하트만 목사는 20년 동안 목사직을 수행해 왔다. 그는 일평생을 하나님과 다른 사람들에게 봉사하는 일에만 전념했다. 그의 하루 일과는 도움이 필요한 사람에게 위안을 주고, 병자를 돌보고, 낙담한 사람들에게 힘을 주고, 사람들이 하나님에게 보다 가깝게 다가가도록 하는 일로 가득 차 있다. 그러나 하트만 목사의 분주한 하루 일과에서 안타깝게도 빠진 것이 하나 있었다.

어느 날 아침, 그는 목사관에서 아버지의 전화를 받았다. 그 당시, 하트만은 롱아일랜드 시포드에 있는 성 제임스 교구를 맡고 있었다. 그의 아버지는 파밍데일에서 주류상점을 경영하고 있었다. 하트만은 어려서부터 목사직을 하고 있는 당시까지도, 부모로부터 꾸지람을 들은 적이 한번도 없었다. 그러나 그 날 아침 전화기에서 흘러나오는 아버지의 목소리는 약간 화가 난 음성이었다.

"톰, 한 번 만나서 할 얘기가 있다."라고 아버지가 말했다.

"예." 하트만은 응답했고, 둘은 만날 날짜를 정했다.

아버지는 그를 보자마자 마음 속에 두었던 말을 꺼내 놓았다. "톰, 네 엄마와 나는 너를 훌륭하게 생각한다. 네가 얼마나 좋은 일을 하고 있는지를 항상 듣고 있지. 우리는 네가 무척 자랑스럽다. 그렇긴 한데, 네가 가족을 너무 등한시하고 있다는 생각이 드는구나. 네가 많은 사람들을 도와야 한다는 것은 이해한다. 그러나 그들은 대부분 스쳐지나가는 사람이다. 네 옆에 항상 있는 사람들은 네 가족이잖니. 그런데 우리가 전화할 때마다, 너는 무언가 해달라는 부탁만을 하고 있구나. 너는 너무 바빠서 우리와 대화할 시간조차도 없는 것처럼 보인단다."

하트만은 당황했다. "아버지, 저는 아버지를 본보기로 자랐어요, 아버지는 일주일에 70시간씩 일하셨지요. 아버지를 존경했어요. 그래서 저도 아버지처럼 되고자 노력해 왔습니다."

그러나 아버지는 납득하는 것 같지 않았다. "톰, 너는 지금 네 일이 내 일보다 훨씬 힘들다는 사실을 모르는 것 같구나. 내가 하던 일은 육체노동이었어. 끝이 있었지. 일이 끝나면 집으로 와서 가족과 함께 지냈다."

하트만은 무슨 말을 해야 할지 몰랐다. "네가 이 일에 대해서 생각해 보기를 바랄 뿐이다."라고 아버지는 말했다.

하트만은 아버지와의 대화에 마음이 착잡해져 그 날의 다

가정을 무르는 가세기 지도로

른 약속을 다 취소했다. 그러고 나서 형제들에게 전화를 해 보기로 결심했다.

후에 그는 전화를 하고 무언가 깨닫게 되었다. "전화를 걸어 한 3~4분 정도 얘기를 하니까, 형제들 모두 똑같은 말을 하더군요. '뭘 해 줄까?' 라고……. 아버지의 말씀이 옳았다는 것을 인정할 수밖에 없었어요."

다른 사람의 삶의 균형을 유지시키는 일을 직업으로 갖고 있는 그에겐 그 자신이 최소한 어느 한 부분에서는 그렇게 하고 있지 않았다는 것을 깨우쳐 줄 누군가가 필요했던 것이다

우리는 모두 일하는 것 이외에 다른 것에도 주의를 돌리도록 삶의 균형을 잡아야 한다. 이렇게 하면 보다 행복하고 보다 만족스러운 개인생활을 즐기게 될 뿐만 아니라 보다 활기차고, 보다 집중력 있고, 보다 생산적으로 일할 수 있게 될 것이다.

해리슨 컨퍼런스 서비스 사의 회장인 월터 A. 그린은 균

형 잡히고 생산적인 삶을 '다리가 여러 개 달린 의자'에 비유했다. 그린은 너무도 많은 사람들이 삶에 대하여 의자의 다리 하나만으로 지탱하려고 한다고 했다.

"당신의 삶을 여러 다리가 달린 의자가 되도록 하여, 하나는 가족용, 다른 것들은 친구용, 직장용, 건강용으로 사용할 것을 권장한다. 자신들이 바라던 대로 직장생활이 현실화되지 않은 30대, 40대, 50대의 많은 사람들을 보아 왔다. 이 경우, 다리가 하나인 의자와 같았던 삶을 살아온 이들은 심각한 문제에 봉착하게 될 수밖에 없다."

전 세계적인 자금 관리 회사인 타이거 매니지먼트 사의 뉴욕 시 본부에서는 사장실 바로 밖에 완전한 장비를 갖춘 운동실을 설치하였다. 회사는 모든 타이거 직원에게 건강을 위해 이 시설을 사용하도록 권장하고 있다.

타이거 사장인 줄리안 H. 로버트슨 2세는 자랑스럽게 말한다. "우리는 지금 운영하고 있는 이 운동실을 세 배로 확장할 계획입니다. 근무 후에 모든 젊은 직원들이 이 곳을 찾고 있습니다. 직원들이 시내 곳곳의 헬스클럽보다 이 곳에 있다는 사실이 우리에게는 엄청난 이익이죠. 그들은 서로 대화를 하게 됩니다. 아이디어를 교환하는 것이죠. 이는 회사를 움직이는 원동력과도 같습니다."

북남미 지역을 상대로 사업을 하는 칠레 컴퓨터 시스템 회사인 손다 사의 안드레스 나바로 사장은 말한다. "단지 강한 팔을 가지고 있다고 해서 훌륭한 투창 선수가 되는 것은 아니다. 온 몸이 튼튼해야 한다."

이와 마찬가지로 위대한 리더가 되고자 한다면, 자기 삶의 모든 부분을 강하고 온전하게 단련시킬 필요가 있다. 나바로는 다음과 같이 설명한다. "회사에서 훌륭한 결정을 내리고 사업체 운영도 잘 하는 훌륭한 경영자가 자기 부인, 자녀들 그리고 다른 사람들과 잘 지내지 못한다면, 본인은 인식하지 못하는 사이에 삶의 중요한 부분을 잃어 갈 것이다. 당신이 앞으로 훌륭한 리더가 되고자 한다면, 우선 당신은 완전한 남성 혹은 여성이 되어야 한다. 당신의 가족은 훌륭한 성공의 토대다."

뉴욕 라이프 사의 프레드 시버트는 여러 가지 일을 하고 있는데, 솔직하게 모든 관심 분야를 골고루 다루기는 어렵다고 시인한다. "저는 매일 균형 잡힌 삶을 살기 위해 노력하고 있습니다. 깨어 있는 시간은 전부 문자 그대로 일만 하고 지낸다고 해서 1년 후 알고자 했던 것을 모두 터득하는 것은 아니기 때문입니다. 매우 어려운 일이지요."

그렇다. 일과 휴식 간에 적절하게 시간을 할애하는 것은 '가장 해결하기 어려운 과제'다. 그러나 이러한 과제를 해결하기 위한 노력은 꼭 해야만 하며 그 노력은 가치 있는 일이다.

플리트 파이낸셜 그룹의 존 B. 로빈슨 2세는 행복한 가정 생활을 영위하는 데 따르는 이점을 잘 이해했다. "내게 가장 중요한 것이 무엇인가에 대해서 한 번도 의심한 적이 없다."라고 레이는 말한다.

"장기적으로 내게 가장 중요한 것은 나 자신, 집사람 그리고 내 가족이다."

대부분의 사람들에게 직접적으로 물어보면 아마도 로빈슨의 생각과 같은 의견을 제시할 것이다. 가족이 보다 중요하다. 쉬는 시간도 필요하다. 그러나 대부분의 사람들은 그 생각을 실천으로 옮기지 않는다. 사람들은 삶의 균형을 최우선 사항으로 간주하지 않는다. 사람들은 업무의 직접적인 압박에 응답하여 만족스러운 개인 생활을 영위하는데 따르는 여러 가지를 무시하는 습관이 있다.

톰 하트만 목사는 자신의 가족생활에 대하여 새로운 사실을 발견한 후, 시간을 보내는 방법을 터득하였다.

"나는 하루에 한 시간은 아무것도 하지 않으려고 한다. 나는 하나님, 사람들, 자연, 내 직업을 위해 시간을 보낸다. 나는 새로운 눈을 뜨게 되었다. 서로가 맺고 있는 관계를 보게 된 것이다. 어떠한 일을 억지로 하지 않고 즐기는 것이 가장 중요하다."라고 그는 말한다. 당신의 가족, 친구, 환경, 자기 자신 등 일에서 주의를 돌리도록 하는 것은 무엇이든지 즐기도록 하라.

가수 겸 작곡가인 닐 세다카는 브루클린에 두 명의 친구가 있었다. 그들은 젊은 부부로서, 인생에 대하여 큰 야심을 가지고 있으면서 동시에 즐거운 시간을 보낼 줄도 알고 있었다. 시간이 흐르면서, 이들은 유명해졌고 경제적으로도 풍족한 생활을 누리게 되었다. 그러나 이들은 그 사이에 무언가를 잃어버렸다.

그것은 다름 아닌 그들이 한때 알고 있었던 균형 잡힌 삶이었다.

세다카는 이 친구들에 관하여 한 곡을 썼고 이 곡은 대 히트를 하였다. 이 곡의 제목은 '가난한 시절'(The Hungry Years)이다. "그들은 출세하고자 노력했지요."라고 세다카는 회상한다. "성공과 돈, 그러나 마침내 그들이 이를 달성하자 그들은 막 함께 시작했던 시간, 가난한 옛 동네에서 살던 시간 함께 인생을 설계했던 시간 등을 자신들이 그리워하고 있다는 사실을 깨달았습니다. 마치 '500만 달러짜리 집에서 살았으면……' 하는 것과 같습니다. 마침내 소망을 이루어 이사를 하고 수 개월이 흐르면, '겨우 이거였나? 하고 말하게 되었지요. 서로 도와주며 함께 일했던 옛날이 그리워지는 것입니다. 삶에 있어서의 즐거움과 균형을 일부 잃은 것입니다."

물질적인 성공이 잘못될 것은 전혀 없다. 그러나 그것만으로는 행복한 삶을 영위하기에 충분하지 않다.

어떻게 하면 균형 잡힌 삶을 시작할 수 있는가? 첫 단계는 태도를 바꾸는 것이다. 가족, 운동 혹은 휴가를 위한 시간을 낭비로 생각하는 태도를 버려야 한다. 성공한 사람들은 종종 휴가 시간에 대하여 변명을 할 필요가 있다고 느낀다. 이러한 생각을 지우도록 하라. 휴식은 떳떳한 단어다.

그 다음은 여가 활동을 위한 시간을 내는 것이다. 우리들 대부분은 너무 많은 일을 하고 있다. 이제 우선순위를 재평가할 시기다. 업무를 계획하는 것과 마찬가지로 휴가 시간을 계획하는 데도 전념하도록 하라.

마지막 단계는 시행하는 것이다. 무언가를 하라. 일과 상관없는 활동에 참가하라. 그렇게 하면 보다 행복하고, 보다

건강하고, 보다 집중할 수 있게 되어 결국 보다 훌륭한 리더
가 된다.

훌륭한 리더는 일과
휴식의 밸런스를 유지한다.

열정 바이러스

나는 첫 번째 클래스를 뉴욕 시에 있는 125번가의 YMCA에서 열었다.
10명도 채 안되는 작은 클래스였다. 어느 날 조폐공사에 다니는 직원인
수강생이 놀라운 연설을 하였다. 그는 도시에서 태어나고 자랐다. 그는
어느 가을, 시골에 집을 장만했다. 그 집은 이제 막 건축된 집이어서 풀
도 정원도 없었다. 그는 푸른 잔디밭을 만들기로 결심했다. 겨울 동안 그
는 벽난로에다 힉코리 나무를 불태워서 그 재를 잔디밭을 일구고자 하는
곳에 뿌렸다.

"자, 여러분들은 씨를 뿌려야만 잔디가 난다고 생각하실 겁니다. 그러
나 그렇지 않습니다. 가을에 힉코리 재를 정원에 뿌리기만 하면 봄에 잔

디가 자라는 것을 볼 수 있습니다."

나는 놀라서 그에게 말했다. "만약 이것이 사실이라면 과학자들이 오랜 기간 동안 연구해 온 것들이 헛된 것이라는 것을 알게 하는 것입니다. 당신은 죽은 물질을 가지고 살아있는 물질을 만드는 방법을 발견한 것입니다. 그러나 그렇게 될 수는 없습니다. 아마도 당신의 땅에 바람이 날려 잔디 종자가 왔거나 이미 잔디가 자라고 있었거나 했을 것입니다. 분명한 사실은 잔디는 힉코리 재만으로는 나오지 않는다는 것입니다."

나는 조용하고 부드럽게 말했다. 그러나 그 남자는 흥분했다. 그는 자기 자리를 박차고 일어나 소리쳤다. "카네기 씨! 나는 내가 이야기하는 것에 대해서 확신을 갖고 있습니다. 나는 이 일을 직접 해냈습니다."

그는 계속 열정적인 제스처를 쓰면서 온 몸으로 이야기했다. 그가 말하기를 끝마쳤을 때 나는 반원들에게 말했다. "그의 말을 믿는 분은 손 들어 주세요." 놀랍게도 방안에 있는 몇 사람이 손을 들었다. 왜 믿었는가를 물었을 때 한결같이 그 남자의 적극적인 태도와 열정 때문이었다고 했다.

– 데일 카네기 –

열정의 핵심은 다음과 같다. 즉, 열정은 전염성이 있고 사람들에게 반응을 불러일으킨다. 이것은 교실에서나, 회의실에서나, 심지어 선거 운동을 할 때도 마찬가지다. 당신이 아이디어 혹은 프로젝트에 대해 열정이 없다면 다른 사람도 마찬가지일 것이다. 지도자가 회사의 방향을 열정적으로 믿지 않는다면 고용인, 고객 또는 주주도 마찬가지이다. 당신의 아이디어의 프로젝트에 다른 사람의 열정을 불러일으키는 최상의 방법은 당신 자신이 열정적으로 이것을 보여주는 것이다.

토미 드래픈은 스피커를 수입하는 수입상 컬버전자 판매점의 판매사원으로 취직했다. 어느 날 드래픈은 매우 힘든 거래처 리스트를 받았다. 리스트에는 컬버 사의 큰 고객이었으나 최근 몇 년간 거래가 없었던 회사가 있었다.

드래픈은 말했다. "나는 이 회사와 거래를 다시 트겠다고 결심했다. 그리고 사장에게 내 결심을 이야기했다. 사장은 나만큼은 확신을 갖긴 않았지만 내 열정을 꺾지 않았다. 그래서 회사를 방문하는 것을 허락했다."

드래픈은 이 회사를 고객으로 만드는 것을 개인적인 사명으로 생각했다. 그는 좋은 가격, 단축된 인도 기간, 좋은 서비스를 이 회사에 제안했다. 그는 구매담당 이사에게 컬버 사는 당신의 필요를 충족시키는 일이라면 무슨 일이라도 하겠다는 것을 확신시켰다. 드래픈은 이사와의 첫 만남에서 열정을 보여주었다.

그는 회의실로 미소를 지으면서 들어가 "다시 오셔서 반갑습니다. 우리는 열정적으로 일을 하겠습니다."라고 말했다. 드래픈은 이 거래를 성사시키지 못한다는 생각은 한 번도 하지 않았다. 그는 이 회사와 자신의 회사의 거래가 벌써 끊어졌다는 사실을 잊어버린 듯 싶었다. 낙관적이면서 열정적인 태도로 컬버 사는 다시 서비스할 준비가 되어있다는 것을 확신시켰다.

"나중에 밝혀진 일이지만, 구매담당 매니저는 나중에 우리 회사 사장에게 다시 거래하게 된 단 한 가지 이유로 내 열정을 들었다고 했다. 그들은 우리와 거래를 다시 시작했고 이것은 연간 50만 달러나 되었다."

열정은 내면에서 나오는 것이다. 이것은 매우 중요하다. 이 것은 흥분과는 구별되어야 한다. 열렬한 제스처, 강한 목소 리 등은 물론 때때로 열정과 함께 나타나기도 한다. 그러나 과장되고 허풍에 찬 생동감과 열정으로 가득 차서 '나는 위 대하다.', '당신도 위대하다.', '우리 모두는 위대하다.'고 외치는 사람들은 '나는 허풍쟁이요.'라는 배지를 달고 다 니는 편이 나을 것이다.

"리더십은 성실과 믿음으로부터 시작된다."고 아날로그 디바이스 사의 회장인 레이 스타타는 말했다. "당신은 신뢰 받는 사람이 되어야 한다. 당신이 한 말은 꼭 지켜서 사람들 에게 믿음을 져버려서는 안 된다. 나는 이러한 믿음과 신뢰 가 개방적인 대화를 가능하게 하는 선행 조건이라고 생각 한다."

역사상 위대한 열정가들은 이것을 직관적으로 이해했다. 1950년대에 조아스 샬크는 소아마비 백신을 만드는 일에 모든 힘을 쏟았다. 그는 이 일에 그의 일생을 걸었다. 샬크와 만나본 사람은 그가 연구소에서 해 온 연구에 대해 이야기할 때 그의 눈에 광채가 띠는 것을 발견했다. 샬크는 2세대에 걸쳐 과학자들에게 영감을 주어 왔다. 그는 주변인들에게 적극적으로 그의 열정을 감염시켰다. 샬크는 함부로 호언장담을 하거나 소리치는 법이 없었다.

현재 그는 AIDS를 유발시키는 것 중의 하나인 HIV바이러스 백신을 개발하기 위해 그 열정을 쏟고 있다.

열정은 두 부분으로 이루어진다. 열망과 확신이다. 당신이 이 일을 잘 처리할 능력이 있다는 것을 자신 있게 표현해라. 이것이 열정이다. 회사, 프로젝트 아이디어에 대해서 이러한 열정을 가져라. 당신이 열정을 갖게 되었을 때 다른 사람들도 이러한 사실을 금방 알게 된다. 그들도 머지않아 그러한 열정을 가지게 될 것이다.

"열정은 항상 나에게 자연적으로 오는 것이었다."라고 체조선수인 메리 루 레튼은 말한다. "나는 그저 모든 일을 긍정적으로 생각한다. 그리고 나는 항상 열정적인 사람들에

둘러싸여 있다. 이것은 나에게 매우 행운이었다."

비즈니스 책의 유명한 저자인 하비 맥케이는 말한다.

"항상 행복하고 성공적인 사람들에 둘러싸여 있어라. 나는 부정적인 사람들과는 어울리지 않는다. 당신이 존경하거나 사귀는 친구, 동료, 사람들이 활기차고 열정적이고 자신감이 넘치는 자부심이 있는 사람들이라면 당신 또한 이러한 사람들처럼 된다."

열정은 열심히 일하는 것만큼 중요하다. 우리는 똑똑한데 아무것도 못 이루어 내지 못하는 사람을 알고 있다. 일은 열심히 하는데 성취하지 못하는 사람도 알고 있다. 성공은 항상 자신의 직업을 사랑하고 일을 열심히 하면서 열정을 전하는 사람들에게 뒤따르기 마련이다.

데일 카네기는 어느 날 친구에게 중역 선발 기준이 무엇이냐고 물었다. 미국 중앙 철도회사의 사장이었던 그 친구의 대답은 약간 놀라웠다. "성공하는 사람과 실패를 하는 사람에 있어 실제적인 기술, 능력, 지식의 차이는 거의 없다. 그러나 만약에 두 사람의 능력이 비슷하다면 열정적인 사람이 우선 발탁된다. 그리고 능력은 2급이지만 열정을 가진 사람이 가끔 1급의 능력을 가졌지만 열정 없는 사람을 앞지른다."

IQ 테스트의 중요한 맹점은 이것이 사람의 열정이나 강한 욕망은 측정하지 못한다는 것이다. 2차 대전에 IQ 테스트가 처음으로 도입되었을 때 이것은 놀랄 만한 예측 도구로써 화제가 되었다. 어떤 사람의 지능지수를 측정함으로서 매우 정확하게 그 사람이 인생에서 성취할 수 있는 것을 예측할 수 있게 되었다. 그래서 회사에서는 사람을 고용함에 있어 이것을 도용했다. 하지만 인생이 그렇게 단순한가? 모든 세계가 과학에 더욱 신념을 가지고 있었던 시기에는 특히 이러한 아이디어가 유혹적이었다.

표준화된 테스트 사업이 생겨났다. 대학은 학생을 선발하는 데 테스트 결과를 맹종했다. 학교의 카운슬러는 테스트 결과를 어린 학생들의 진로를 조언해 주는 데 사용했다. 군

당국은 IQ 테스트에 누가 장교감이고 누가 화장실 청소를 담당할 사병감인지를 결정하는 데 사용했다.

지적인 일에 대해서라면 어떤 사람들은 다른 사람에 비해서 훨씬 지적이고 어떤 일을 쉽게 한다. 창조적인 능력이나 스포츠 재능 또는 다른 귀중한 재능은 실질적으로는 전체 능력의 반에 불과하다. 다른 반은 우리 자신이 만들어 나가야 한다.

당신이 인생에서 진심으로 나아가고자 하는 진짜 목표를 갖게 되었을 때 열정은 저절로 생긴다. 인생의 진정한 목표를 가져라. 열정은 당신 안으로부터 솟아날 것이다. 카네기는 열정에 대해 이렇게 말했다.

"열정을 얻는 방법은 당신 자신과 당신이 하고 있는 일을 믿고 어떤 것을 분명히 이루겠다고 원하는 것에서 출발한다. 이렇게 하면 밤이 지나면 낮이 오듯이 열정은 저절로 생긴다."

아침에 일어나서 그 날 일어날 기분 좋은 일에 대해서 몇 분간 생각하자.

어떤 특별한 것일 필요는 없다. 당신이 하는 일 중에서 언제나 즐기는 부분일 수도 있다. 점심 약속을 한 친구일 수도 있다. 가족과의 외출, 동료와의 맥주 한 잔, 한 시간의 스쿼시 또는 에어로빅 시간이 될 수도 있다. 어떤 일이든지 간에 그것은 중요한 것이다. 인생은 지루하거나 따분하지 않다. 우리는 모두 기대할 가치가 있는 목표와 경험을 필요로 한다. 이러한 것들이 인생에 희망을 갖고 앞으로 나아가게 하는 원동력이 된다. 잠시 동안이라도 이러한 일들에 대해 생각해 보는 사람은 인생을 새롭게 바라볼 수 있을 것이다. 그들은 자신의 고정관념을 깰 수 있다. 다른 말로 이야기하면 그들은 열정적으로 살아갈 수 있게 된다.

"오늘날 조직에는 그 어느 때 보다도 열정적인 리더십이 필요하다."고 칠레의 손다 사 사장인 안드레스 나바로는 믿고 있다. "일상적인 목표를 위해서 열정을 다른 사람들에게 불어넣는 능력이 바로 리더십이라고 할 수 있다. 당신이 오

늘 이나 내일, 한 그룹의 사람들에게 열정을 불러일으켜서
일을 성공적으로 수행하기를 원한다면 일일이 메모하는 일
따위는 필요가 없다. 우선 당신 자신이 먼저 열정적이 되어
야 한다. 그러면 내일부터 모든 사람은 당신을 따라 열정적
으로 일을 수행할 것이다."

전임 레버 브라더스 사의 사장인 데이브 웨브에 대해 말
하면, 그의 출근하는 모습을 보는 것만으로도 그가 열정에
가득 차 있음을 쉽게 알 수 있다. 그는 악을 지르거나 모든
일을 통제하는 사람이 아니었다. 그의 열정적인 눈, 힘찬 발
걸음, 꼿꼿한 머리에는 긍정적인 즐거운 기운이 있었다. 이
러한 것은 사소한 일인지도 모른다. 그러나 우리들 모두가
상상하는 것보다 훨씬 힘이 있다. 우연히 이루어진 것이 아
니다.

웨브는 말하기를 "사람들은 항상 엘리베이터에서 만난
당신을 기억한다. 당신은 당신의 가치를 24시간 동안 나타
낸다. 사람들은 좋은 기억을 갖고 있다. 이러한 것을 나는

유니레버 사 회장이 된 데비드 오 경으로부터 배웠다. 나는 인도에 그의 후임자로 갔었다. 그는 마케팅 담당 이사였다. 나는 모든 사람을 만났고 모든 곳을 다녔다. 판매 대리점을 방문할 때마다 그들은 우리를 환영했다. 나는 인도 전역을 돌아다니면서 데비드 오가 방문하지 않은 곳, 그의 사진을 벽에 걸어 놓지 않은 것을 발견하려고 필사적으로 노력했다. 하지만 그는 전국의 모든 판매원을 알고 있었다. 그들 모두는 데비드 경의 열정을 기억했다."

웨브는 이 때 얻은 교훈을 레버 브라더즈 사의 대표이사에 오르기까지 잊지 않았다.

"사업을 시작한 후 3개월 만에 750명의 직원을 두게 되었는데 나는 회사의 모든 직원을 만났다. 그들은 나를 알았다. 나는 그들과 함께 즐기면서 지냈다. 나는 직원을 좋아하고 공장에서 일하는 사람들을 좋아한다. 내가 싫어하는 사람은 아무도 없다."

토마스 도허티 씨는 지역의 금융회사가 플리트 금융그룹에 합병되었을 때 노르스타 은행의 중역이었다. 그는 계속 근무하면서 뉴욕 주의 모든 플리츠 금융그룹의 사업을 운영하게 되었다. 물론 도허티의 많은 동료들은 회사의 주인이 바뀐 것에 대해서 매우 불안해했다. "그런 불안감은 매우 자연스러운 것이다."라고 도허티는 말했다.

"고객, 가족, 친구가 우리에게 와서 묻는다. '합병된 것에 대해서 어떻게 생각하는가?' 당신이 만약 이 일에 열정적이라면 그들도 열정적이 된다. 나는 좋은 태도와 열정이 바로 사람들이 찾고 있는 것이라고 생각한다. 당신이 매일 출근하면서 우울한 표정을 짓는다면 사람들은 즉시 당신의 기분을 알아차린다. 그러나 당신이 엘리베이터를 타면서 전과 다름없이 '안녕하세요!' 하고 밝게 인사하면 그들은 생각할 것이다. '그는 참 열정적이구나. 그에게 기회를 주자.'라고 말이다."

이러한 처방은 당신이 일에 대해서 열정을 느끼는 어떤 것이 있다는 것을 전제로 한다. 현실적으로 이것을 평가하는 것은 약간의 자기 분석을 요하는 것인지도 모른다. 대부분의 직업에는 좋은 점이 있다는 것은 사실이다. 그러나 심각한 현실을 속일 필요는 없다. 어떤 일은 단순히 비참한 일일 수도 있고 단순히 당신의 기질, 목표에 적합지 않은 것일 수도 있다. 만약 당신이 이러하다면, 어떤 조치를 취해라. 당신이 인생과 직업에 대해서 열정을 느끼지 못한다면 진정한 성공은 달성할 수 없다.

많은 사람들은 자신에 맞는 직업을 발견할 때까지 여러 직업을 전전한다. 이러한 일은 조금도 부끄러운 일이 아니다. 부끄러운 일은 자신의 일을 하찮게 여기고 이 일에 아무 열정도 느끼지 못하는 데 있다. 당신이 인생에 대해서 만족하지 않고 피곤해 하면 주위의 사람들도 마찬가지로 피곤해 한다. 당신이 빈정거리고 적의를 품으면 그들도 마찬가지다.

당신이 미지근하면 그들은 결코 뜨거워지지 않는다.

열정적이 돼라. 당신 주변의 사람들에게 미치는 영향력을 살펴보아라. 그들에게 훨씬 더 큰 힘이 있다는 것을 명심해라. 진실한 열정은 전염된다.

열정의 힘을 평가 절하하지말라.

제 5 장

열정이 낳은 집중과 단련

1933년, 필라델피아의 유명한 종묘상이었던 데이비드 버피는 꽃들 중에서 평범하고 주목받지 못하는 꽃을 매우 아름답고 매력적으로 만들 수 있을 거라는 착상을 했다. 그 꽃은 바로 불쾌한 냄새 때문에 버려진 외로운 금잔화였다.

데이비드 버피는 코를 틀어막게 하는 대신에 코를 상큼하게 자극하는 향기로운 금잔화를 만들기로 했다. 이 계획을 현실화하기 위해 버피는 식물학자들이 변종이라 부르는 것, 즉 우연히 이 불쾌한 냄새를 지니지 않게 된 한 송이 꽃을 찾아야만 했다. 그는 금잔화 씨앗 640가지를 수집했다. 씨앗을 심어서 꽃이 피자, 그는 꽃의 냄새를 맡기 시작했다. 모든 꽃에서 불쾌한 냄새가 났다. 그는 실망했지만, 냄새가 나지 않는 씨앗을 찾는 일을 계속했다. 마침내 멀리 떨어진 티베트에 있는 수도원에서 냄새는 없으나 꽃이 볼품없는 금잔화의 씨앗을 보내왔다.

데이비드 버피는 이것을 자기가 가지고 있는 여러 종 중 하나와 교접시켜 35에이커의 넓은 땅에 심었다. 싹이 돋고 강해지자 그는 감독을 불러서 무릎을 꿇고 엎드려서 35에이커에 있는 모든 꽃의 냄새를 맡으라고 지시했다. 꽃송이가 크고 냄새가 나지 않는 꽃을 한 송이라도 발견하려는 것이 목적이었다. "저 혼자서 이 꽃들을 모두 냄새 맡으려면 35년이 걸릴 겁니다."라고 감독은 말했다. 그 지방의 직업소개소에 지금까지 전례가 없던 의뢰가 들어왔다. 200명의 꽃 냄새 맡을 사람을 구하는 것이었다.

이들 냄새 맡는 사람들은 전국 각지에서 몰려 와서 일하기 시작했다. 이보다 더 우스꽝스러운 광경은 없었다. 마침내 일꾼 들 중 한 사람이 꽃밭을 가로질러 감독에게 뛰어왔다.

"찾았어요!"라고 그 사람은 소리쳤다. 감독은 그 사람이 표시해 놓은 곳으로 갔다. 과연 꽃에서 불쾌한 냄새가 전혀 나지 않았다.

– 데일 카네기 –

기죽을 부르는 카네기 지도론

마가렛 대처는 영국 역사상 가장 어려운 시기에 영국을 이끌었다. 포클랜드 전쟁, 전 세계적인 경기 후퇴, 1~2세기를 채울 수 있을 정도의 사회적 혼란 등. 이 시기에는 장래성 있는 정치인들이 하나 둘 좌천되었고, 영국 최초의 여성 총리 대처 역시 큰 타격을 받았다. 그러나 영국의 모든 정치인들이 인정해야 했던 한 가지 점이 그녀에게 있었다. 이 철의 여인은 한번도 약해진 적이 없다는 것이다. 그녀는 심한 압력 하에서 어떻게 그러한 힘을 유지할 수 있었을까?

대처는 퇴임 직후 다음과 같은 말을 했다. "영국과 같은 국가 즉, 좋은 시기에도 나쁜 시기에도 세계사에서 주도적인 역할을 해 왔던 강한 국가를 이끌려면 강철 같은 기운을 지녀야 한다."

이것은 실제로 그렇게 복잡하거나 어려운 것은 아니라고 마가렛 대처는 말했다.

항상 집중하라. 자신을 단련하라. 성공에 대한 절실한 열망을 가져라. "각고의 노력 없이 정상의 자리에 오른 사람은 본 적이 없다."라고 그녀는 말했다. "그것이 바로 비법이다. 노력한다고 해서 항상 정상에 오르는 것은 아니지만 정상 가까이에는 갈 수 있다."

마가렛 대처는 이해했다. "목표, 즉 정말로 원하는 것을 분명히 하라. 자기 자신을 믿고 일관성을 유지하라. 방황하지 말라. 업무에서도, 가정생활에서도, 스포츠에서도, 정치에서도, 이 간단한 규칙을 따른다면 성공의 가능성은 무척 높아진다."

카터가 1976년에 선거운동을 시작했을 때, 최고의 정치 전문가들 중에서 어느 누구도 그가 선거에서 승산이 있다고 생각하지 않았다. 조지아 주 외부에서는 이름이 거의 알려져 있지 않았던 그는 명성이 자자한 수많은 민주당 인사들을 상대로 힘든 경쟁을 해야 했다. 이 조지아 촌사람이 선거운동에서 부딪친 첫 번째 장벽은 바로 자신의 고향에서 멀리 떨어진 뉴햄프셔까지 지지자를 확보해 가는 일이었다.

클린턴이 1992년에 출마했을 때도 이와 비슷했다. 가능성은 거의 없어 보였다. 그리고 그 이유도 대부분 카터와 같았다. 현직의 공화당 대통령은 전쟁을 승리로 이끈 직후였다. 전문가들의 의견을 믿는다면 이들 어느 누구도 주지사가 될 가능성은 거의 없었다. 초기 예비선거가 끝나 이들 두 남부의 아들은 대열에서 낙오될 것으로 예상되었다. 그러나 그러한 일은 일어나지 않았고 그 둘은 선거에서 승리하는 기쁨을 맛보았다.

그들이 선거에서 승리할 수 있었던 단 한가지 이유는 바로 끈기있는 집중력이었다.

이 격렬한 경주에서, 두 사람 모두 포기할 뻔한 적이 있었다.

카터의 경우, 전혀 알려지지 않은 인물이라는 사실 이외에 테드 케네디라는 적수가 있었고, 카터가 아니라 케네디가 '진정한 민주당'이라는 인식이 있었다. 클린턴의 경우에는 제니퍼 플라워의 주장, 그를 외면하는 신문 사설들, 현직 대통령의 권력 그리고 페로가 있었다.

1976년 이러한 열세는 카터를 중단시키지 못했다. 1992

년에 클린턴도 중단시키지 못했다. 그들은 그들 자신이 무엇을 달성하고자 하는지에 대해 정확히 알고 있었다.

인생에서 원하는 것을 얻기 위해서는 스스로를 믿고 그것을 계속 추구할 각오를 해야 한다. 거듭해서 노력하는 것이다.

J. 월터 톰슨의 버트 매닝은 처음 카피라이터로 시작했다. 그가 최고의 위치에 올랐을 때 회사 동료들은 그를 지금까지 회사를 이끈 사람 중 유일하게 '창의력이 있는 사람'으로 평가했다. 그가 있었을 때 회사에서는 포드, 레버 브라더스, 네슬레, 켈로그, 코닥, 굿이어, 워너-램버트 등을 위한 유명한 광고를 제작했다.

물론 선천적 재능은 광고와 같은 창조적 업무에서는 매우 중요하다. 그러나 집중력과 끈기를 가지고 부단히 노력하지 않는다면 그러한 재능과 창의력으로 아무 것도 달성할 수 없다. 이것은 매닝이 사회에 첫발을 내디디면서 배운 교훈이었다.

어느 날 그는 고객을 상대로 굉장한 광고 안을 떠올렸다. 그 고객은 슐리츠였고 매닝이 주장한 슬로건은 바로 그 유명한 "음~음 좋아! 슐리츠가 없다면, 맥주가 없다."였다. 매닝은 이 슬로건에 만족해 있었으나, 당시만해도 슐리츠 양조 회사가 탐탁치 않게 생각했다. 슐리츠 사람들은 매닝의 광고 안을 좀더 가볍게 고치기를 원했다. 매닝은 자신이 인정한 광고 안을 굽히지 않았다. 그는 슐리츠 사를 거듭 방문하고는 총 6회에 걸쳐 자신의 광고 안을 제시했다. 그는 최종 반응을 다음과 같이 회상한다.

"제가 이 고객과 그럴 만한 관계에 있었기 때문에 내쫓기지 않고 그렇게 여러 번 그 광고 안을 주장할 수 있었지요. 여섯 번째에 그가 말했어요. '좋아, 사실 썩 마음에 드는 것은 아니지만, 당신이 그렇게 생각한다면 한 번 시도해 보지.'

그 뒤의 얘기는 물론 광고사의 한 페이지를 장식하는 것이었다. 매닝의 재능과 창의력으로 우수한 광고가 탄생하였으나 중요한 사실은 그의 집념과 노력으로 인해서 그것이 대중에게 전달되었다는 것이다.

데일 카네기는 이 원칙을 다음과 같이 분명히 밝혔다.

"이 세상에서는 재기가 번득이는 한 번의 시도 보다는 인내와 끈기로 더 많은 것을 달성할 수 있다. 일이 잘못될 때 이것을 생각하라. 어떠한 일에도 좌절하지 말라. 계속하라. 결코 포기하지 말라. 이것이 바로 성공한 많은 사람들의 묘책이었다. 물론 좌절의 시기도 올 것이다. 중요한 것은 그것을 극복한다는 것이다. 그렇게 할 수 있다면 세계가 당신의 것이 될 것이다."

"나는 사무실로 들어가서 직원 책상 위에 응답요청 전화 메모가 엄청나게 쌓여있는 것을 보면, 나는 '이 친구, 관리 불능이군! 이라고 생각한다."라고 코닝 랩 서비스 사의 최고 경영자인 E. 마틴 깁슨은 말했다. "응답조차 그때그때 챙기지 못하는 그런 사람에게는 약간 의문이 생기게 된다. 이것은 사소한 일이지만 말이다."

스스로의 신뢰도를 입증한 사람들에게는 얼마나 신뢰할

수 있는가를 나타낼 보다 큰 기회가 주어진다. "사람들은 당신에 대해 믿을만한 사람이라고 얘기한다. 당신에게 무슨 부탁을 하고 나서 그 결과를 재촉하지 않는다. 그들은 당신이 곧 약속을 지키리라는 것을 알고 있다. 이것이 바로 신뢰다. 응답 전화를 하지 않는 사람, 회장으로부터 메모를 받고도 어떻게 답해야 할지 몰라서 그 메모지를 한 편에 붙여두고서는 까맣게 잊어버리는 실수를 하는 사람이 되지 말라. 회장은 '도대체 이 친구 어떻게 된 거야.' 하면서 궁금해 하고 있을 것이다."라고 깁슨은 말한다.

일상생활에서 성공과 실패를 가름 짓는 것은 이러한 수많은 사소한 일들이다. "그것은 약속 장소에 일찍 나가고, 자신의 약속을 끝까지 지키고, 자신의 일에 긍지를 가지는 것과 같은 전통적인 가치다."라고 하몬 어소시에이츠 사의 조이스 하비는 말한다.

"신용장을 작성하고 있다면, 하나에서 넷까지의 단계를 철저히 따라야 한다. 세 번째 단계를 건너 뛸 수는 없다. 실수에 따르는 비용 손실은 크다. 너무 빨리 진행하지 말라.

세세한 것을 확인하고 계속 집중해야 한다."

한때 목사가 되기 위해 공부했던 방사선과 전문의인 코인은, 어느 끔찍한 1월 밤 아비앙카 보잉 727이 롱아일랜드에 있는 집 근처에 추락했을 때, 사건 장소에 처음 달려간 의사였다. 1시간이 넘도록 그 곳에 의사라고는 코인 혼자였다.

그는 혼자 승객들의 상처를 돌보았다. 또한 승객들의 공포감도 달래주어야 했다. 그는 땅에 누워 있는 사람들과 1~2분 보내는 동안 이 모든 일을 해야 했다. 게다가 승객들 대부분이 콜롬비아 사람들로서 영어를 못했기 때문에 의사 전달을 할 수도 없었다. 코인이 들을 수 있었던 말은 그저 "의~사! 의~사!" 정도였다. 그는 그들과 온 몸으로 자신의 뜻을 이해시키는 길을 찾았다.

"청진기를 들고 있었지요."라고 그 참혹한 밤에 대해 그는 말한다. "사람들이 지르는 비명이 공포 때문인지 통증 때문인지 알 수 없었어요. 그래서 나는 얼굴을 보면서 의사 소통을 해야 했죠. 그들이 쳐다보는 눈길을 보면서 얼마나 심하게 다쳤는지를 알 수 있었거든요. 귀에다 대고 속삭여야 했죠. 나는 평정을 유지하고 그들의 힘이 되어주어야 했으며, 그들의 얼굴을 감싸 쥐고는 표정과 손길로 그들을 안심시켜야 했지요. 어디가 아픈지, 얼마나 아픈지 물을 수가 없었어요. 문자 그대로 머리끝에서 발끝까지 확인해야 했지요. 그들을 차례로 검사하면서, 그들의 골절이 정말 괴상하다는 것을 발견했어요. 그러한 골절은 본적이 없었지요. 다리가 정말 덜렁덜렁 매달려 있었지요. 그러한 와중에서 골절을 확인하고 그 다음 환자에게 가서 다시 처음부터 시작하고 늑골을 확인했어요. 손으로 그들에게 말을 해 줄 수는 없었어요. 그것은 정말 초현실적인 경험이었습니다."

집중력, 강력한 100%의 집중력! 바로 이것으로 코인은 그 일을 끝까지 할 수 있었던 것이다. 코인의 집중력은 매우 강해서 주변의 다른 모든 일들은 마음속에 들어오지 않았다. 그는 훗날 스트레스 관리에 관한 세미나에서 이 사건에 관하여 이야기할 때 비로소 그가 얼마나 집중하고 있었는가를 알게 되었다. 거기에 있던 다른 사람들은 그러한 상황에서 당연히 있을 법한 상해에 대하여 설명했다. 앰뷸런스와 소방차가 칙칙거리는 라디오와 비명을 지르는 생존자들과 서로 고함을 지르는 구조대원들, 코인은 그러한 소리들을 전혀 듣지 못했다.

"내가 기억하는 것은 굉장히 조용했다는 것입니다. 너무도 조용하고 질서정연해 보였습니다. 아무런 소리도 들리지 않았습니다. 마치 몽상에 빠진 상태 같았습니다. 제가 기억하는 바는 그저 고요한 속을 걸어 다녔다는 것입니다. 유일하게 들은 소리는 헬리콥터 소리였습니다. 부상자를 수송하기 위해서 헬리콥터가 도착했던 것이었죠."

집중력! 주위의 산만한 것은 다 무시하고 중요한 것만을 추구하는 능력, 그것이 바로 그 날 밤 사람들을 구하게 했던 것이다. 리더는 결코 집중력을 잃어서는 안 된다.

리더는 항상 나무를 보지 않고 숲을 본다.

제 3 부

호감가는 사람은 따로 있다

제 1 장

상대방을 존중하라

크라이슬러사에서는 다리가 불편한 프랭클린 루즈벨트 대통령을 위해 특별한 차를 제작했다. W.F.챔벌레인과 기술자가 백악관으로 직접 차를 몰고 갔다. 나는 챔벌레인 씨가 경험한 일을 적은 편지를 갖고 있다.

"루즈벨트 대통령께 특별한 장치를 어떻게 다루는지를 가르쳐 드렸습니다. 그리고 그 분께서는 사람들을 다루는 법에 대해 많은 것을 제게 가르쳐 주셨죠."라고 챔벌레인 씨는 적고 있다. "대통령은 매우 즐거워 보였고 생기가 있어 보였습니다. 제 이름을 편안하게 불러줬으며 매우 인상적이었던 것은 내 이야기에 상당한 관심을 표한 점입니다."

"그 차는 손으로 완벽하게 작동될 수 있었습니다. 그 차를 보기 위해 사람들이 몰려들었고 그가 말하길 '이 차는 정말 훌륭하다. 어떻게 해서 이 차가 움직이는지 모르겠다. 어떻게 움직이는지 차 속을 직접 눈으로 보고 싶다.' 라고 하셨죠.

루즈벨트 대통령의 친구들과 동료들이 그 차를 보고 매우 부러워하자, 루즈벨트 대통령은 그들 앞에서 이렇게 말씀하셨죠. '챔벌레인 씨, 이 차를 개발해내느라 애써 주셔서 정말 감사드립니다. 정말로 대단한 일입니다.' 특별히 제작된 백미러, 시계, 집중 조명좌석, 좌석의 천 씌우개, 운전자용 자리의 위치, 그의 이름 약자가 새겨진 트렁크에 넣는 여행가방 모두에 감탄했습니다. 다시 말해서 내가 최대한 배려를 한 부분 하나 하나까지도 언급했습니다. 그는 루즈벨트 부인, 퍼킨스 양, 노동부 장관, 비서관 모두에게 이 차에 관심을 갖도록 만들었습니다. 나이가 든 백악관의 운반인에게도 '이 여행 가방들을 조심해서 다루십시오.' 라고 말하셨죠."

– 데일 카네기 –

메디슨 가의 광고대행사인 J.월터 톰슨 회사의 회장인 버트 매닝은 얼마 전에 20~30대 초반의 젊은 카피라이터 지망생들을 대상으로 연설을 한 일이 있다. 광고의 세계는 매우 경쟁적이고 가끔은 살벌하기도 하다. 그러한 세계로 뛰어들려고 준비 중이었던 그들은 최고의 경지에 오른 광고계의 전설 매닝으로부터 몇 가지 비결을 배우려는 마음이 간절했다.

"두뇌, 재능, 열정은 단지 이 경주를 시작하는 입장료에 불과하다."

매닝은 눈을 반짝이는 청중들에게 얘기를 시작했다.

"그런 것들이 없다면 시작조차 할 수 없다. 그러나 길게 안 보아도 그런 재능들로는 충분하지가 않다. 이기기 위해서는 더 필요하다. 이기기 위한 비결은 바로 상대방으로부터 대접을 받고자 하는 대로 그들을 대접하는 일이다." 매닝은 종교, 윤리, 자기만족 또는 옳음과 그름의 차이를 젊은 카피라이터 지망생들에게 이야기해 주었다

"오로지 자신의 이익에만 관심이 있고 수입, 명예, 진급 등을 얻기 위해 헌신적으로 일한다 하더라도 이것을 다 얻을 수 있는 유일한 방법은 확고부동하게 황금률을 따르는

것이다."라고 그는 말했다.

대접을 받고자 하는 대로 상대방을 대접하라. 회사의 사장, 선생님, 슈퍼마켓의 점원 등 모두가 단순하고 오랫동안 존중되어온 이 규칙 하나만 더 마스터할 수 있다면 앞으로 나아가는데 더 많이 성취하고 더 많은 만족감을 느낄 수 있다. 더 세련되게 얘기하면 다른 사람에게 존경심을 보여라. 그들은 바로 당신에게도 존경심을 표할 것이다.

오늘날 세계는 단지 동창회와 같은 그런 곳이 아니다. 거대하게 통합되었던 한 세대 전보다 훨씬 더 다양한 세계가 무리지어 각자의 소리를 높인다. 게다가 비즈니스 세계만큼 그 다양함이 명백하게 드러나는 곳도 없다. 여성들, 게이들, 장애자들, 윤리적 배경이 다른 여러 종류의 사람들 모두가 세계의 한 부분이다.

이렇게 바뀐 환경 속에서 성공하기 위해서는 상대방의 배경이나 문화가 뭐든지 간에 문제없이 편안하게 좋은 관계를 유지하는 일이 매우 중요하다. "오늘날 직업 전선에 뛰어드는 사람 중 소수민족, 여성 그리고 이민자의 비율은 15~20%를 훨씬 넘을 것이다."라고 코닝 사 회장인 제임스 휴튼은 예견한다. "우리는 그야말로 변화하는 시대에 살고 있다. 만약 당신이 가지고 있는 재능의 15%만이라도 더 발휘하려고 노력하지 않는다면 당신은 빠른 변화에 대응할 수 없을 것이다."

다른 문화를 존경하는 마음을 가지려면, 다른 문화에 대해서 배워야 한다. 그것이 바로 아서 애쉬가 프로 테니스 선수가 된 이유들 중 하나다. "여행을 많이 해야 한다는 것을 알았다."라고 그는 말했다. "그것은 바로 내가 바라던 것이었다. 『내셔날 지오그래픽스』를 통해 단지 책이나 TV에서 보았던 곳을 직접 가서 체험하고 싶었다. 그런 것을 할 수 있는 기회를 잡기 위해 프로 테니스 선수라는 직업을 활용했다."

"이제 와서 생각해 보니……."라고 죽음을 앞두고 한 인터뷰에서 애쉬는 말했다. "난 여러 문화의 다양한 사람들과의 교류했다. 그것이 나에게 남은 가장 위대한 유산이다."

"여행은 두 가지 방법으로 할 수 있다."라고 애쉬는 말했다. "하나는 다른 나라를 여행하면서 당신의 나라보다 역사가 오래된 문명을 가진 사람들이 기술적으로 진보하지 않았고 체계에 훨씬 떨어진다고 생각하는 것이다. 또 다른 방법은 그들의 살아가는 환경은 비록 낙후되기는 하였으나 그들이 수천 년 동안 일구어낸 풍부한 이론과 문화유산에 감탄하는 것이다. 그들은 이 곳에 10,000년 동안 있었기 때문에 많은 것을 안다. 우리는 겨우 200년 정도 밖에 되지 않았다. 나는 두 번째 접근 방법을 훨씬 선호한다."

이런 차이점은 인정되고 존중되어야 한다. 그리고 함부로 낮게 평가 되어서는 안 된다. 이것이 바로 헬뭇 크링스가 독일과 스위스를 왔다 갔다 하면서 발견한 것이다. 크링스는 독일인으로 컴퓨터 단말장치를 생산하는 유수한 업체인 썬마이크로 시스템즈의 중유럽 부사장이다.

"난 비교하는 것을 몹시 싫어합니다."라고 그는 말했다.

"독일에 대해 언급을 하지 않으려고 노력했습니다. 사람들이 가장 싫어하는 것은 바로 자기 나라에서 하는 일은 옳은 깃이고 그들 나라에서 하는 일은 옳지 않다고 끊임없이 얘기하는 것입니다."

모든 사람들은 자기 나라의 문화와 언어를 존경해 줄 것을 원한다. 벨지움의 부수상인 멜키올 와쓰렛은 프랑스어를 사용하는 벨기에 가정에서 자랐다. 정치 생활 초기에 와쓰렛은 다른 공식적인 언어인 플라밍어를 배움으로써 그는 처음으로 두 개의 언어를 능숙하게 구사하는 프랑스계 정치인이 되었다. 그는 모든 나라 사람들에게 아낌없는 존경심을 표했다. 그는 화합의 상징이 되었고 그의 정치 신임은 날로 솟구쳐 올라갔다. 그는 다양성에 적응하며 사는 법을 배웠다.

다른 사람의 입장에서 생각하라

회사 중역실, 대학, 세일즈 사무소, 비영리단체, 정부에서 사람들은 어떻게 다양성에 적응하며 편안히 생활하고 있는가? 다른 사람들도 당신처럼 생활하고 숨을 쉬는 똑같은 인간이다. 그들도 집에서 압력을 받는다. 그들도 성공하기를 원한다. 당신처럼 그들도 자존심을 갖고 있으며 존경받고 누군가 자신을 이해해 주기를 바란다.

홀릿 은행의 은행장인 토마스 A. 도허티는 말한다. "사람들은 인간적으로 대해지고 인정받기를 원한다. 30년 전 내가 처음으로 은행 일을 시작했을 때도 그랬다. 앞으로 1백년 후에도 같을 것이다. 그 이유는 바로 우리 모두가 인간이기 때문이다. 여기서 가장 중요한 것은 사람들 개개인을 진심으로 존경하는 것이다. '좋은 아침입니다. 감사합니다.'라는 조그마한 관심과 애정이다. 사람들이 최대한 일을 할 수 있도록 분위기를 조성해 주는 것이 바로 관리자인 리더가 해야 할 일이다."

대부분의 성공한 사람들은 자신이 매우 중요한 사람이라고 느끼게 하는 데에 한번 또는 몇 번의 큰 제스처만으로는 안 된다는 것을 경험을 통해 배웠다. 이것은 많은 작은 배려를 통해서 만들어 진다.

루즈벨트 대통령은 캠페인이 열릴 때면 차를 타고 여기저기 돌아다니면서 각 정류장에 내려 수백 명의 사람을 만났다. 이런 와중에도 그는 캠페인을 하며 돌아다닌 곳에서 만난 모든 사람들에게 직접 서명을 한 편지를 보냈다. 그리고 각 편지마다 이름을 꼭 써서 보냈다.

요즘 사람들이 아직도 그렇게 조그마한 것에 반응을 보이는가? 물론 그렇다. 전화를 다시 거는 것, 이름을 기억하는 것, 존경심을 갖고 대하는 것 이런 기초적인 일들이 사람을 설득하는 효과를 나타낸다. 이것이 바로 사람들을 군중, 집단에서부터 개개인을 차별화시키면서 사람으로 하여금 호감을 일으키는 효과적인 방법인데 이것은 이 기초적인 일을 끊임없이 계속함으로써 가능하다.

매닝의 사무실을 방문한 고객은 매닝의 조그마한 행동에 매우 놀랐다. 사무실에는 옷걸이가 하나밖에 없었다. 매닝은 방문객의 코트를 받아서 옷걸이에 걸고는 자신의 옷은 문고리에 걸었다. 방문객이 알아채지 못했을 것이라고 생각하지 마라. 이런 것들이 "난 너에게 관심이 있다. 당신이 걱정하는 것은 내가 걱정하는 것과 같다. 우리는 여기 함께 있다."라는 말을 해주는 세심한 배려와도 같다. 진실한 긍정적인 환경은 이렇게 창조된다.

사원들을 무시하거나 명령을 내리거나 꾸짖지 마라

그들은 당신의 동료다. 당신의 종도 아니고 그렇다고 가장 친한 친구도 아니다. 동료로서 대하라. 조직에 있는 모든 사람이 나누어 가지고 있는 개개인의 인간성을 인정하라. 상사로서만 권리를 주장한다면 사람들을 제대로 동기부여 시키지도 못 할 뿐더러 직원의 반발만을 불러일으킬 것이다.

존경받는 위치에 있는데도 왜 많은 관리자들은 그들을 위해 일 해주는 사람들에게 요구하고 소리 지르는 버릇을 갖게 되었을까? "관리자들은 노출되어 있다."고 홀릿 금융그룹의 수석 부사장인 존 B. 로빈슨 2세는 말한다. "그들은 중간에 있다. 나는 관리자들이 매우 어려운 상황에 처해 있기 때문에 사람을 다루는데 있어 부자연스러운 방식을 택하는 것을 종종 보았다. 나는 강인한 관리자가 되려고 노력하지만 그렇게 되지 못한 관리자들을 생각해 본다. 그들은 스스로의 모자람을 보충하려 하고 있을 뿐이다."

어떻게 하면 직원들의 반발을 불러일으키지 않고 존경을 받을 수 있을까?

당신도 인간이라는 것을 직원들에게 보여주어라. 직원을 똑같이 가치 있는 사람으로 대해 주고 회사의 기계 부속처럼 대하여서는 안 된다. SGS 톰슨 마이크로 기계사의 빌 마카힐라힐라는 말한다. "우리가 예전에 생각했던 지위나 직함은 다 벗어던져라. 모두가 함께 기여한다고 생각하라." 이것은 직원과 사장 사이의 새로운 이해관계를 의미하는 것이기도 하다. 존경을 받기 위해서는 상대방을 부드럽게 대하고 대화를 자유롭게 할 수 있는 분위기를 먼저 만들어야 한다.

"당신은 겸손함을 유지해야 한다. 지위가 높아지면 직함만 믿고 자만하게 된다." 몇 년 전에 로빈슨은 그가 엄청난 직함을 가지고 있음에도 불구하고 그도 함께 일하는 사람들과 마찬가지라는 점을 인식했다. "난 30대 초반에 은행장을 했다. 그래서 나는 나 자신을 매우 중요하게 생각했다."라고 그는 회상한다. "그런데 집에 가면 아이 기저귀는 다 젖어 있고 엉망이었다. 아이 기저귀를 갈아야 했다. 이것은 즉시 나를 나 자신으로 되돌아오게 하였고 앞으로의 일을 예상하게 해 주었다. 나를 균형 있게 유지시켜준 것은 바로 내 아이들이었다."

자신을 남의 입장에 놓고 생각해 보라. 그러나 자신을 낮추려고만 하지는 말라. 둘 다 모두 중요하다.

사람들을 참여시켜라

도전 의욕을 불러일으켜라. 그들의 정보를 받아들여라. 그리고 그들의 협력을 구하라. 일하는 것은 대부분의 경우 당신에게도 그런 것처럼 남에게는 중요한 삶의 일부분이다. 거의 대부분 사람들은 자신이 직접 일에 참여하기를 원한다. 관여하고 싶어 하고 도전을 해보고 싶어 하며, 발전하고 싶어 한다. 그들은 자신의 의견이 무시당하는 것을 원치 않는다.

집중력이 있고 열정적인 사람들은 일을 잘한다. 아날로그 디바이스 사의 레이 스타타는 말한다. "사람들이 원하는 것은 중요하다는 느낌, 영향을 받는다는 느낌 그리고 영향을 준다는 느낌들이다."

어떻게 이러한 감정들이 생겨나는가?

그것은 직원에게 권한을 주고, 도전시키고, 기획을 하게 함으로써 가능하다. 스타타가 말하길 "내가 생각하기에 가장 중요한 것은 직원들에게 능력에 맞거나 약간은 능력 이상의 과업을 부여함으로써 그들이 과업을 수행하기 위해서 최선의 노력을 하게 만드는 것이다. 동기부여에서 가장 중요한 점은 이런 방식으로 일과 개인을 연결시켜 이 일이 진짜 도전이고 더 성장할 수 있다는 점을 보여주는 일이다."

상대방을 진심으로 존중해 주는 것이
동기부여의 근원이다.

제 2 장

상대방의 잘못을 함부로 지적하지 말라

나는 로즈 경을 위한 축하파티에 참석한 일이 있다. 식사 중에 내 옆에 앉아 있던 사람이 "인간이 아무리 일을 하려고 해도 최종적인 결정은 신이 내린다."라는 말을 인용해 가면서 익살스런 이야기를 했다.

이 인용문은 성경에서 나온 것이라고 그 재담꾼은 말했다. 그는 잘못 알고 있었다. 나는 그 인용문을 잘 알고 있었다. 그래서 나는 자존심을 세우고 동시에 잘난 척하기 위해서 누가 원하지도 반가워하지도 않는 일인 그의 언변에 대한 잘못을 지적했다. 그는 자기주장을 굽히지 않았다.

"뭐라고요? 셰익스피어 작품에 나오는 말이라고요? 말도 안 되는 소리요! 그 말은 성경에 있는 말이오."

그 이야기꾼은 내 오른쪽에 앉아 있었고 왼쪽에는 내 오랜 친구인 프래크 가몬드가 앉아 있었다. 가몬드는 가만히 듣고 있더니 식탁 아래로 나를 툭 치면서 "데일 자네가 틀렸네. 저 신사분의 말씀이 맞아. 그 말은 성경에 있는 말일세."라고 말했다.

나는 견딜 수가 없었다. 집에 돌아오는 길에 "가몬드, 자네는 그 인용문이 셰익스피어에 나오는 말임을 잘 알고 있지 않은가?"라고 말했다.

"물론 알지. 햄릿 5막 2장이지. 하지만 데일, 우리는 그 즐거운 모임의 손님이었잖아. 왜 그 사람이 틀렸다는 것을 증명하려고 하나? 그렇게 하면 그가 자네를 좋아하게 되나? 왜 그 사람 체면을 세워 주지 않나? 그가 자네의 의견을 물었나? 그는 원하지 않았네. 왜 그 사람과 논쟁을 하려 하는가?"

– 데일 카네기 –

다른 사람의 생각을 바꾸는 일은 설사 그 사람과 호의적 관계에 있을지라도 몹시 어려운 일이다. 이것은 도전과도 같다. 상대방에게 반항심을 일으키게 하고 전투준비를 시키는 것과 같다.

B. H 스트리덤은 악독한 냉혈의 살인자였다. 남아프리카의 백인인 스트리덤은 인종차별 정책에 반대하는 흑인들의 시위가 점점 거세지자 이에 격분했다. 1988년 어느 날 스트리덤은 무엇인가 해야겠다고 결심했다. 그는 흑인 시위대에 무차별 총격을 가하여 아홉 사람을 다치게 했는데 그 중 여덟 사람이 죽었다.

법정에서 사형이 선고된 그는 사형수 감방으로 이동됐다. 그러나 그는 조금도 뉘우치지 않았다. 그는 "후회를 하기 위해서는 무엇인가 잘못된 일을 저질러야 한다. 나는 아무런 잘못도 하지 않았기에 후회를 하지 않는다."라고 말했다.

형량이 사형에서 종신형으로 바뀌었을 때도 그는 그가 저지른 범죄에 대한 사람들의 원성을 이해하지 못했다. "내가 다시 그런 일을 겪게 되었다고 해도 나는 살인을 할 것이다. 나는 아무런 잘못도 없다."고 그는 말했다.

살인자도 자신의 무서운 범죄에 대해서 반성하지 않는다. 그러면 우리들이 매일 상대하는 일반 사람들은 어떨까? 잘못과 비평을 적극적으로 인정하리라고 생각하는가?

　실수에는 두 가지 근본적인 사실이 있다. 첫째, 우리들은 모두 실수한다. 둘째, 어떤 사람이 우리의 실수를 지적하면 우리는 이것을 싫어하고 다른 사람의 실수를 지적하는 것을 더 좋아한다.

　어느 누구도 불평, 비평, 불쾌한 논평을 받는 것을 싫어한다. 손가락질을 하면서 누군가 자신을 비난하면 곧장 화를 내기 마련이다. 설령 우리가 잘못 결정했다거나 공사감독을 잘못했다거나 기대만큼 성과를 올리지 못했다는 비난을 들을 때 자존심은 형편없이 손상된다. 이러한 비난이 사실로 판명이 되었을 때는 더욱 비참해진다.

　그러나 실수는 일어나고 논쟁은 생긴다. 불평은 자신의 실수를 합리화시킨다. 아무도 완전한 사람은 없고 비난을 삼켜 버리는 것은 힘든 일인데 이러한 사실을 어떻게 받아들이겠는가?

　약간의 연습과 증명된 인간관계 기술을 사용하면 이를 극복하기가 쉬워진다.

첫째, 충고 또는 건설적 비평을 받아들일 수 있는 분위기를 조성하라. 생활 속에서 가끔 실수하는 것은 당연한 일이라는 것을 계속해서 인식시켜라.

이러한 메시지를 잘 전달하는 분명한 방법 중 한 가지는 자신의 실수를 인정하는 것이다.

"나 자신에게 기대할 수 없는 일을 다른 사람으로부터 기대 할 수는 없다."고 뉴욕생명 회사의 시베르트는 말한다.

"나는 프랑스 최고 경영자 과정을 수료했다. 내가 프랑스로 떠나기 전 우리 부서는 중요한 자료 하나를 제출해야 했었다. 우리 회사의 미래 5년 계획이었는데 나는 그 일을 맡은 게 처음이라서 일을 잘못 이해했다. 내가 떠나기 전 우리는 계획서를 제출했고 나는 2주간 교육을 떠났다. 물론 음성사서함과 팩스로 연락은 계속했다. 그런데 제출된 계획의 숫자에 큰 문제가 발생했다. 내가 제출 시기를 잘못 이해한 것이었다. 나는 첫 제출 시에는 그저 초안만 제시하는 것이라고 이해했고 계획서를 수정하기 위해 경영계획에 대해서 분석하고 이야기할 충분한 시간이 있을 것이라고 생각했다. 알고 보니 나는 진행 절차를 이해하지 못했고 경영진에게 제출된 첫 번째 계획서가 최종 계획안으로 간주되었다.

계획안의 수치가 정확하지 않았기 때문에 그 기획서가 많은 문제를 일으키게 된 건 불 보듯 뻔한 일이었다.

나는 돌아와서야 무슨 일이 벌어졌는지를 정확히 알았다. 나는 회의 때 '이것은 실수입니다. 이것은 커뮤니케이션 상의 문제입니다. 이것은 숫자를 이해하고 못하고의 문제가 아닙니다. 이것은 모두 내 잘못입니다.' 라고 말했다.

내가 없었을 때 사람들은 서로를 비난했다. 그리고 내가 '이것은 전적으로 제 잘못입니다. 제가 책임을 지겠습니다.' 라고 하였을 때 서야 비로소 '아니야, 당신 잘못이 아니야. 당신도 알고 있듯이 이것은 우리 모두의 잘못이야.' 라며 서로를 비난하는 것을 중단했다."

먼저 잘못을 시인하는 사람이 되어라. 그러면 모든 사람이 당신을 비난하지는 못한다. '아니, 아니 이것은 그렇게 나쁘지 않아. 아니야, 그들이 비난을 받아야 해. 아니야, 모든 것이 잘 끝날꺼야.'

이와는 반대로 다른 사람의 일을 일일이 비난한다면 상대방은 즉시 반발할 것이다. 그들은 행동을 고치기는커녕 항변하며 당신을 몰아붙일 것이다.

이것은 회사, 가족, 친구는 물론 고객과 납품업자와의 인간관계에서도 마찬가지이다.

둘째, 누군가를 비평하거나 비난하기 전에 두 번 생각하라. 어떤 사람이 잘못을 했을 때 그런 잘못을 왜 저질렀는지를 알고 다시는 그런 일을 하지 않기 위해 무엇이 필요한지를 그가 안다면 다른 말은 필요없어진다. 사람은 누군가가 자신이 느끼고 있는 잘못을 지적할 때 불쾌감을 느낀다. 그러므로 직접적인 비난은 상대방을 궁지로 내몰 뿐 잘못을 고치는 데는 아무런 도움이 되지 않는다. 연방품질 관리소의 수석 연구원 거트 존스는 "동기부여된 직원은 더 잘하기를 원한다. 일을 망치기 위해 일을 하는 직원은 없다. 그들은 자신이 필요한 존재라고 느끼기를 원하고 신뢰받기를 원한다."라고 이야기했다. 리더는 대부분의 비난이 얼마나 많은 부정적인 효과가 있는지를 이해하는 사람이다.

아날로그 디바이스 사의 레이 스타타 회장은 말했다. "무언가 일이 잘못되었을 때 사람들은 본능적으로 누구의 잘못인가를 따지려든다. 하지만 이러한 생각은 결과적으로 일을 더 망치게 된다."

스타타는 아날로그 디바이스 사에서 불필요한 비난을 모두 없애려고 노력하였다. 그는 말했다. "내가 그만둔 것 중의 하나는 회사에서 설교를 하는 것이다. 우리는 일이 잘 안 될 때 설교하려는 경향이 있다. 내가 쓰는 기술 중 하나는 불평을 하는 대신 요청하고 제안하는 것이다."

당신은 스스로 물어보아야 한다. 여기서 무엇을 성취할 것인가? 스타타는 말한다. "당신이 원하는 일은 회사를 좀 더 좋게 만드는 효과적인 행동이다. 누가 잘못을 했고 비난을 받아야 하는지에 대해서 말하는 것은 좋은 방법이 아니다. 진짜 목표는 상황을 개선하는 것이다."

누군가를 계속해서 비난하거나 비평하면 그 사람은 오히려 책임을 회피하거나 숨어 버린다. 심한 비난을 받아온 사람은 위험을 감수하기를 꺼리고 덜 창조적이 되고 어떤 일에서나 궁지에 몰리게 된다. 그리고 회사는 직원들이 발휘할 수 있는 많은 능력을 상실하게 되는 것이다.

이러한 개념을 메리케이 회사에서는 모든 사원에 대한 업무평가를 하는 중에 발견했다. 목표가 중요하지 평가가 중요한 것은 아니다. "우리는 평가라고 부르지 않습니다. 우리는 업무개발이라고 부릅니다."라고 메리케이 부사장인 리처드 바들에르는 말했다. "왜냐고요? 나는 평가를 하기 위해서 앉아 있는 것을 싫어하기 때문입니다. 나는 직원이 보다 능동적으로 일할 수 있는 방법을 알고 싶습니다. 중요한 일은 우리가 같이 앉아서 메리케이 사에서 직원이 경력을 쌓아가는 것을 의논하는 것입니다. 직원이 원하는 사람이 되기 위해서 개발하고 싶은 것은 무엇인가를 생각합니다. 이러한 태도가 직원의 혁신을 격려하고 부추깁니다."

코닝 사 품질 담당 책임자인 데이빗 루터는 말했다. "비난을 가장 잘 감수하는 사람은 자신을 개발하는데 진지하게 관심을 갖고 있는 사람이다. 잘못을 가장 잘 시정하는 사람들은 항상 앞서가는 사람이다. 그들은 건설적인 비평을 환영하고 최후의 순간에도 한 발짝 나가는 사람들이다."

가끔 우리는 사람에게 비평을 해야 한다. 매우 긴박한 상황이거나 매우 위험한 상황이거나, 같은 잘못을 자주 한다면 우리는 비평을 해야 한다. 신중히 고려한 후에 상황을 논의해야 한다. 훌륭하게 비난하라. 이것이 세 번째 단계. 회초리는 집에다 두고 부드럽게 비판하라. 자신을 억제하라. 기본적인 몇 개의 기술을 사용하면 당신은 부드럽게 말할 수 있다.

당신이 말하고자 하는 것이 있으면 좋은 분위기를 먼저 만들어라. 사람은 그들 자신의 부정적인 것에 대해서는 듣기를 싫어하지만 그들이 잘한 것과 더불어 부정적인 것에 대해서 말하면 훨씬 더 경청한다.

"비난을 할 때는 칭찬과 진지한 감사의 말로써 시작하라."고 데일 카네기는 말했다.

"한 스푼의 설탕이 약을 삼키게 한다."는 메리 포핀의 노래를 기억하라.

논쟁에서 최선의 결과를 얻을 수 있는 유일한 방법은 그것을 피하는 것이다. 당신이 방울뱀과 지진을 피하듯이 논쟁을 피하라. 논쟁을 열 번하면 아홉 번은 논쟁하는 사람 각자가 서로 더 자신의 주장이 옳다는 것만을 확인한 채 끝이 나기 마련이다.

어떤 일이 있더라도 상대방의 체면을 세워 주어야 한다. 논의를 할 때에 상대방의 의견을 존중하고 잘못을 지적할 때는 간접적이고 부드럽게 지적하고 명령을 하는 대신에 요청을 해보라. 그리고 비평은 그 다음 날로 미뤄라. 어떤 것을 선택하든지 목적은 동일하다. 상대방을 무조건 공격해서는 될 일도 안 된다.

신사적으로 멋있게 우선 상대방이 당신의 얘기를 동의하지는 않더라도 들을 수 있는 길을 모색해 보아라. 그러면 그는 당신의 영원한 후원자로 남을 것이다.

실수를 즉각적으로 인정하고
비평은 부드럽게 건설적으로 수용하라.

제 3 장

상대방의 관점에서 생각하라

지난해 개인 비서를 뽑으려고 신문광고를 냈더니 3백 통 정도의 지원서가 밀려들었다. 대부분은 이렇게 시작되었다. "일요신문의 광고를 보고 지원했습니다. 당신이 원하는 직종에 지원하고 싶습니다. 올해 스물여섯이고, 원하는 연봉은 얼마고, 근무조건은 이러이러 했으면 합니다. 등등 ……."

하지만 한 여성은 매우 특별했다. 그 지원서에는 그녀가 원하는 것에 대해서는 쓰여 있지 않았다. 그 대신 내가 원하는 것에 대한 언급을 하고 있었다. 편지에는 이렇게 되어 있었다. "카네기 씨께, 아마도 2백 통 내지는 3백 통 가량의 지원서를 받으셨을 것입니다. 매우 바쁘시기 때문에 다

읽을 시간도 없으시리라 믿습니다. 지금 즉시 35-951X번으로 전화를 주시면 기꺼이 가서 지원서들을 검토해서 쓸모없는 것들을 다 버리고 관심을 가지실 만한 것을 올려놓겠습니다. 15년간의 경력이 있고……"

그러고 나서 그녀가 일했던 중요한 사람들에 대해 얘기를 하기 시작했다. 그 편지를 받는 순간, 테이블 위에서 춤이라도 추고 싶은 심정이었다. 즉시 전화를 걸어 이쪽으로 와 달라는 부탁을 했지만 이미 때는 늦고 말았다. 다른 고용주가 벌써 채용하고 말았다. 이러한 여성을 채용하지 않을 회사가 어디에 있겠는가?

– 데일 카네기 –

광고인 버트 매닝은 메디슨 가에 발을 들여 놓기 전에 작가가 되기를 원했다. 광고 문안 작성자가 아닌 순수한 의미에서의 작가가 되기를 희망했다. 그래서 그는 매일 타자기 앞에서 씨름을 하며 단편소설과 장편소설을 쓰면서 틀림없이 사람들의 가슴을 울리는 글을 쓸 것이라고 생각했다. 하지만 대부분의 젊은 작가들이 그렇듯이 글로써 생계를 유지하기에는 너무 벅찼다. 그에겐 생계를 유지할 수 있는 다른 직업이 절실하게 필요했다.

이집 저집을 돌아다니는 외판원이 그가 생각해 낼 수 있는 최고의 아이디어였다. 그는 브리태니커 백과사전을 팔았다. 주방용품도 판매했다. 심지어는 고향인 시카고에 가서 예전의 직장 동료들에게 묘지 소유권을 팔러 다니기도 했다.

매닝은 묘지 소유권 판매로 가장 많은 소득을 얻었는데 처음부터 많은 소득을 얻을 수 있었던 것은 아니었다. 하루 종일 타자기에 매달려 있다가 저녁이 되면 매닝은 정장을 하고 외판용 가방을 챙겼다. 그리고 집집마다 문을 두드리면서 열성적으로 묘지 소유권을 팔았다. 묘지 소유권이 얼마나 많은 투자이익을 제공하는지, 시카고의 인구 급증이 묘지의 결핍 현상을 어떻게 초래할 것인지, 어떻게 그의 회사가 제공한 묘지 소유권을 5년 후 되팔 수 있는지 등을 설명했다.

"묘지 소유권 판매는 사실 매우 좋고 값 싼 투자였다. 나는 그것을 믿었다. 하지만 하나도 팔리지 않았다. 나는 그때까지 그들의 관점에서 생각해 보지 않고 외견상의 경제적인 측면만을 보았다. 나는 그들의 관심사에 초점을 맞추지 않고 통상적인 측면만 보았던 것이다. 내가 파는 품목은 내가 생각해 보지 못한 부분에 많은 문제를 지니고 있었다."

매닝은 가장 기본적인 질문을 시도했다. "이 사람들이 가장 관심을 갖는 것이 무엇인가? 이 사람들은 내가 알고 있는 사람들과 다른 점이 무엇인가? 이 사람들이 자신의 행동에 대해 합리적으로 여기고 가족을 위해 기쁘게 계약서에 사인을 하게 하려면 어떻게 해야 하는가?"

한번 이렇게 묻고 나면 대답하기가 무척 쉬워진다.

"이 동네는 소수 민족이 뭉쳐서 모여 사는 곳이었다."라고 매닝은 회상한다. "가족 단위가 매우 중요했다. 사촌들, 조부모, 사촌, 숙모들 등 친척들과도 가깝게 지내는 사람들이었다. 그들은 사람들과 가깝게 지냈다. 이웃들과 헤어지는 것을 원치 않았다."

아마 죽은 후에도 마찬가지일 것이라고 매닝은 추측했다.

투자와 재정문제를 얘기하는 대신에 가족이나 이웃 그리고 집과 가까운 거리에 있다는 점을 이야기 해야겠다고 생각했다. 이 묘지가 그들에게 좋은 기회를 제공하는데 것 중 하나는 묘지가 모든 가족이 사는 근처에 있기 때문에 2백 마일이나 차를 타지 않고도 쉽게 묘지를 방문할 수 있다는 점이다. 이런 점들을 사람들에게 강조했다.

"처음에는 그것을 이해할 수 없었다."라고 매닝은 말한다. "나는 합리적인 가격의 좋은 투자를 권했지만 그들은 관심이 없었다. 그들은 투자 대상으로서 묘지를 사려고는 하지 않았다. 그들이 정말로 관심이 있고 원하는 것이 무엇인지를 이해한 후 나는 매우 높은 성과를 얻었다."

J. 월터 톰슨 광고회사의 사장으로 엄청난 성공을 거두고 있는 매닝이 청년시절 이런 교훈을 경험한 것은 행운이었다.

다른 사람의 관점에서 사물을 바라보라.

이것이 성공의 가장 중요한 열쇠 중 하나다.

매닝에게 상대방은 시카고에 살고 있는 한 가정의 남편과 부인이다. 상대방은 상사가 될 수도 있고 동료, 직원, 고객, 배우자, 친구, 아이가 될 수도 있다. 정말로 그 누구라도 될 수 있다. 기본적인 원리는 항상 상대방의 관점에서 사물을 보려고 노력하는 것이다.

"미래의 리더들에게는 예전보다 더 많은 것이 요구될 것이다."라고 세계적인 반도체 회사인 SGS톰슨의 부사장인 빌 마카힐라힐라는 예견한다. "당신이 관리자이건 평사원이건 상관이 없다. 사람들과 잘 지내는 방법을 배워야 한다. 지위를 가짐으로써 다른 사람 위에 올라설 수 있다는 생각을 한다면 오산이다. 당신은 다른 사람이 흥미를 지니고 있는 관점에서 생각해야 한다."

마카힐라힐라는 관찰했다. 상대방의 입장에서 생각하는 풍토가 회사에 조성되기 시작하면 완전히 새로운 대화 결과가 나오는 것을 말이다. "당신이 상사의 흥미 관점에서 생각하는 것을 바라보면 마찬가지로 당신은 이것을 다른 것에도 적용을 시키게 되어서 마침내 마음을 연 대화를 시작하게 된다. 당신 자신만을 생각하지 말라. 당신 자신의 욕구만을 생각하지 말라. 조지의 욕구나 샌디의 욕구에 대해서도 생각하라. 그들의 욕구가 무엇인지를 이해하기 위해서 어떤 질문을 할 것인지를 생각하라."

그 결과는 당신의 개인적인 인간관계에 있어서도 놀랄 만한 것이다.

"최근에 나는 4살 된 손자 조르단 그리고 맥신과 함께 밤을 지냈다."라고 유명한 피닉스 사업가인 베른 론이 말했다. "금요일 아침, 내가 TV 뉴스를 시청하면서 신문을 보고 있을 때 조르단이 일어났다. 조르단은 만화영화를 보고 싶은데 내가 TV를 건성으로 보고 있는 것을 알아챘다."

조르단이 말했다. "할아버지, 신문 잘 보실 수 있도록 TV를 꺼 드릴까요?' 나는 조르단이 만화영화를 보고 싶어 하는 것을 눈치 채고서 말했다. "그래 가서 꺼라. 다른 것을 보고 싶으면 보고……."

순신 간에 조르단은 리모트 콘트롤을 가지고 마루에 앉아서 채널을 만화로 바꾸었다. 4살짜리는 처음에 생각했다. '할아버지가 원하는 것이 무엇일까? 그래야 내가 원하는 것을 얻을 텐데!'

리미티이드 사의 한 부문인 레너의 뉴욕 마케팅 부사장인 바바라 헤이즈는 상대방이 무엇을 원하는지를 알아내는데 관해서 프로였다. 헤이즈 경우에 있어서 가망고객은 그녀의 레너 상점에 들어오기 전부터 시작한다. "어떤 쇼핑센터에서는 70피트의 여유 공간을 대대적으로 광고하면서 고객 유치에 열을 올리고 있다."고 그녀는 말했다. "8.5초 이내에 고객은 상점 안으로 들어갈지 아니면 그냥 지나쳐 버릴지를 결정한다." 이러한 수백만 번의 즉석 결정이 레너의 성공을 좌우한다. 헤이즈는 이것에 대해서 말한다. "나는 8.5초의 시간을 갖고 있다."

경쟁이 치열한 소매산업은 지금까지 어느 산업보다 고객의 입장에서 세상을 보는 데에 있어서 선도적인 역할을 해

가격을 부르는 커베기 지도술

왔다. 냉담한 고객 서비스 시대는 사라지게 되었다. 고객들은 충분히 그들의 욕구에 대해 얘기했다. 고객이 최고라는 개념을 받아들이지 않는 상점들은 고객에 무관심한 사원들과 함께 시장에 더 이상 붙어 있을 수 없게 되었다.

고(故) 샘 월튼은 월마트 상설할인매장에 하루 종일 '환영자' 역할을 하는 사람들을 고용했는데 이들이 하는 일은 정문 가까이에 서서 고객들에게 '찾아주셔서 감사 합니다.' 라는 인사를 하고 그들이 가고자 하는 방향을 가르쳐 주는 것이었다.

월튼은 자신의 사업에 대해 관찰할 수 있는 감각을 지니고 있었다.

"매우 크고 밝게 불이 켜진 상점에 복도 사이사이로 상품이 쌓여 있고 어디로 가야 할지를 가늠할 수 없는 곳에 고객들이 와 있다고 생각해 보자. 사람들에게는 안내가 필요하다. 이런 안내를 해 주는 상점에 대해 고객들은 고마워할 것이다. 만약 찾고자 하는 상품을 바로 발견할 수 있다면 고객들은 계속해서 그 상점으로 갈 것이다. 이것은 고객들에게 감동을 전할 뿐아니라 상점에게도 이익이 된다."

"고객들의 기대를 훨씬 초월해서 만족케 해 주어야 한다." 이것이 바로 샘 월튼의 법칙들 중 하나였다. "그렇게 한다면 고객들은 계속 다시 올 것이다. 그들이 원하는 것을 제공하고 거기에 조금만 더 보태도록 하라."

"노드스트롬은 세계에서 가장 무서운 소매상이다." 경영 컨설턴트인 데니스 E. 웨이틀리는 말한다. "내 아내인 수잔은 두 쌍의 노드스트롬 신발을 산 후 2주 동안 신어보았으나 한쪽 신발 때문에 통증을 느껴 다시 가지고 갔다. 하지만 그들은 두 쌍을 다 바꾸어 주었다. 문제 될 것이 없다. 무엇이든 가능하다. 고객은 항상 왕이고 여왕이다. 고객은 충성스럽다. 우리가 대접받고 싶은 만큼 대접하라. 그것이 최고의 방법이다." 웨이틀리는 어느 날 밤 초저녁에 뜻밖의 전화를 받았다. 상냥한 목소리의 여인이었다.

마샤: 여보세요. 수잔 웨이들리 씨와 통화를 할 수 있을까요? 전 마샤라고 하는데요. 선생님의 노드스트롬 고객 서비스 담당

자 입니다.

데니스 : 마샤. 당신은 판매 담당자로 인센티브를 위한 점수를 얻으려고 하는군요. 무엇을 원하십니까? 지금 식사를 하려고 하는데, 왜 수잔과 통화를 하려고 합니까?

마샤 : 수잔이 찾던 사이즈와 색이 맞는 신발이 왔습니다. 그래서 일을 끝내고 갖다드릴까 하는데요.

데니스 : 기억하는 바로는 사우스 카운티에 사시는 걸로 알고 있는데요. 우리는 노스 카운티에 있습니다. 당신이 오시기에 쉽지 않을 겁니다. 5분 후면 식사를 하게 될 것이고 당신이 오기에 시간이 충분할 것 같지가 않습니다. 애써 주셔서 감사합니다.

마샤 : 당신이 사는 집 앞길에서 지금 휴대폰으로 전화 드리고 있습니다.

데니스 : 아, 그러십니까? 그럼 어서 들어오십시오.

우리는 감동했다. 이 상점은 항상 고객의 관점에서 생각했다. 어떻게 하면 가장 편안한 방법으로 사업을 할 것인가

하는 것이 문제가 아니다. 어떻게 하면 고객이 가장 편안해 하는 서비스를 제공할까가 문제인 것이다. 고객들을 기쁘 게 하라.

던 앤드 브래드스트리트 소프트웨어 서비스 사는 현재 팔고 있는 모든 물건에 대해 '고객심의회'를 연다. "고객심의회에서 고객이 믿고 살 수 있는 상품이라는 판단을 하지 않는 이상 그 상품을 생산해 내지 않습니다."라고 이 회사의 회장인 존 임레이는 설명한다.

"저희 고객심의원들이 우선 상황이 적힌 점검표를 들고 옵니다. 우리는 제품의 특징들과 기능들이 가미된 하나의 명단을 작성합니다. 우리는 어느 회사보다 경쟁력이 있기를 원하고 고객들은 자신들의 욕구가 충족되기를 원합니다. 고객들은 우리에게 정보를 주고 우리는 그들의 문제점을 해결해 주고 필요한 것을 만족시켜주는 데에 자부심을 느끼고 있습니다."

고객 서비스에 대한 무한한 관심은 모든 사업에 있어 '죽느냐 아니면 살아남느냐'의 문제다. 고객 건의함이 차거나 고객 불만엽서가 스스로 도착하기를 기다리는 것으로는 충분하지 않다. 고객보다 한발 앞서 있는 것이 매우 중요하다. 현명한 사업가는 지금으로부터 며칠 후, 몇 주 후, 몇 달 후에 고객들이 무엇을 원하는지를 항상 염두에 두고 있다. 이것은 다른 사람에게 관심을 보이고 그들의 입장을 항상 유념하는 것이다.

상대방의 시각에서 사물을 바라보는 것은 저절로 일어나지 않는다. 스스로 질문을 해야만 한다. 질문들은 그리 어렵지는 않다. 직장, 혹은 집에서, 사회적 공간에서든 어디서든지 질문을 하라. 다른 사람들의 입장에서 사물을 바라보는 관점이 생길 것이다.

다른 사람이 진정으로 찾고자 하는 것을 이해하기 위해서 진심어리고, 성실한 노력을 해라. 그리고 그것을 최대한 인간적으로 전달해라. 데일 카네기는 말했다. "사람들이 문제

를 푸는 데 당신이 도와줄 수 있다면 이 세상은 당신 것이나
다름없다."

다른 사람에게 무엇이 중요한지를
알기 위해서는 갇혀진
당신의 틀 안에서 벗어나라.

제 4 부

조직을 변화시키는 기술

제 1 장

조직을 이끄는 8가지 리더십

자동차 전시장의 마케팅 팀장이자 내 수강생이었던 필라델피아 아돌프 셀츠는 사기가 떨어진 팀원들에게 열정을 불어넣어줄 필요성을 절실하게 느꼈다. 그는 회의를 소집해서 그에게 무엇을 바라는지 얘기해 달라고 요청했다. 팀원들이 이야기하는 것을 그는 칠판에 다 적었다. 그러고 나서 말하길 "내게 바라는 모든 사항들을 지키겠다. 이제 내가 여러분께 무엇을 바라고 있는지를 얘기하겠다. 충성심, 솔직함, 진취성, 긍정성, 팀워크, 하루 8시간동안의 열정적인 근무가 내가 여러분에게 바라는 것이다."

회의가 끝났을 때 팀 분위기는 새로운 용기와 신선한 활기로 가득 찼다. 한 팀원은 하루에 14시간을 일하겠다고 자발적으로 지원하기도 했다.

그리고 셀츠는 나에게, 판매량이 놀라울 정도로 증가했다고 말했다.

"직원들과 나는 도덕적인 거래를 했다."고 셀츠는 말했다. "그리고 내가 한 약속을 충실히 이행하면 직원들도 그들의 약속을 충실히 지켰다. 그들의 소망이나 희망사항에 대해서 상의를 해주는 것이 그들에게는 정말로 필요한 활력제가 된다."

– 데일 카네기 –

거대한 조직들은 대체로 피라미드와 같은 형태를 지니고 있다. 제일 밑에는 많은 노동자들이 있고 층층으로 감독관이 있으며 중간급 관리자들이 바로 그 위를 자리 잡고 있다. 각 층은 그 바로 밑에 있는 사람들보다 더 많은 권위를 누리고 있었다. 이렇게 여러 층으로 겹친 구조로 완벽하게 잘 형성되어 제일 위에는 최고경영자, 회장, 임원들이 있다.

이런 방법이 회사나 병원 또는 학교를 조직하는 데에 있어서 최선의 방법인가?

과거엔 어느 누구도 이런 조직의 효율성에 대해 질문하지 않았다. 옛날식 피라미드 방식은 항상 그래 왔던 것처럼 우리 주위에 존재해 왔다. 견실하고 인상적이고 보기에는 변화에 무감각한 것 같다. 이런 피라미드 체계가 이제 무너지고 있다. 새로운 풍경들은 고대 이집트의 노예들이 다시 집으로 돌아가기를 결정하고 돌을 마차에 실어가 버리는 것과 같다. 그리고 미래는 단언하건데 과거보다는 그 지위 체계가 훨씬 더 수평적이 될 것이다.

과거의 엄격한 계급 체계, 부서, 복잡한 지시 단계 그 모든 것들이 창조적인 행위를 억제시켰다. 세상은 하루가 다르게 변화한다. 이제 누가 그렇게 맹목적으로 상관의 지시에만 매달릴 수 있겠는가?

"구소련이 어떻게 되었는지 보아라."라고 메리 케이 주식회사의 부회장인 리차드 C. 바틀렛은 말한다. "구소련과 똑같은 현상이 중국에서도 일어날 것이다. 피라미드 계급체계는 더 이상 정부에도 회사에도 유용하지 않다. 미국에 있는 가장 큰 회사들조차도 세계의 피라미드가 무너져 내리는 것을 알아차리지 못했다."

명백하게 옛날의 딱딱함을 느슨하게 풀어줄 구조가 필요하다. 그래서 잠자고 있던 능력을 최대한으로 발휘시켜 사람들이 창조력을 최대한 발휘할 수 있게 만들어야 한다. 많은 기업들에서는 '팀'이라는 것에서 그 해답을 찾았다. 회사는 종종 직원들에게 단순히 훈련받는 것보다 더 많이 자신이 속해 있는 구태의연한 문화에서 벗어나 창조적으로 일해주기를 바란다.

"현대의 조직은 상사와 직원이라는 구조로 더 이상 살아남을 수 없다."라고 캘리포니아의 클레이몬트 대학원 경영학과 교수이며 경영이론가인 피터 드러커는 주장한다.

"팀으로 조직되어야 한다."

성공적인 팀은 하루 아침에 만들어지는 것이 아니다. 그리고 아무리 훌륭한 코치라도 하룻밤 사이에 성공자를 만들어 낼 수는 없다. 앞으로 몇 년 후 리더가 되려고 하는 사람은 몇 가지 기초적인 훈련지식을 쌓아 나가야 한다.

1. 공유할 수 있는 목표를 창조하라

함께 일하면 엄청난 일을 해낼 수 있다. 팀은 각 개인이 공유할 수 있는 통합된 비전을 갖는다. 아이디어, 창조성, 지성의 불꽃이 그룹 내에서 사람들과의 공유로 더 쉽게 솟아오른다. 뛰어난 리더는 이 모든 힘을 집중시킬 수 있어야 한다. 비전을 분명히 하고 목표를 설정하고 팀이라는 의미가 무엇인지를 구성원에게 인식시키고 그들의 성취가 바깥 세상에 어떻게 영향을 줄 수 있는지를 구성원에게 보여주어야 한다.

아날로그 디바이시스의 회장인 레이 스타타가 말하길 "당신 스스로가 회사의 목표를 제시하고 직원들을 격려함으로 개인과 회사의 팀이 세계 최고 정상급이고 다른 팀보다 우월하다는 생각을 그들과 공유할 수 있다면 직원들은 당신을 훌륭한 리더로 인정하는 것이다."

2. 팀 목표를 정하라

팀 전체가 이기지 않는 이상 아무도 이기지 못한다. 이런 개념은 스포츠에 있어서 두드러지는 현상인데 이러한 목표 의식은 어떤 종류의 팀에도 적용이 된다. 개인 기록들은 역사적 내용으로는 훌륭하다. 그러나 다수의 이익을 위한 가장 효과적인 것은 팀 전체가 목표를 달성하는 성과를 얻는 데 있다.

"사람 개개인을 팀으로 참여시키면 그들은 서로를 돕는다. 팀워크는 전염된다."라고 러버메이드사의 울프강 슈미트는 말한다.

"조립라인의 일원이 되는 것과 스포츠 팀의 한 구성원이 되는 것은 같다. 차이점은 직업에 임하는 열정과 집중력에 있다."

그렇기 때문에 대부분의 훌륭한 코치들과 지도자들은 1인칭 복수형으로 얘기를 한다. "우리에게 필요한 것은 …….", "우리의 마감시간은…….", "우리 앞에 놓여진 과제는……."이라고 말이다. 훌륭한 리더들은 모든 사람의 기여가 얼마나 중요한지를 강조한다.

비즈니스의 세계에서는

"우리가 함께 새로운 상품을 순조롭게 시장에 내놓아야 합니다." 만약 광고 측에서 훌륭하게 일을 해냈다고 할지라도 포장 담당자가 그렇지 못하면 제대로 된 성공을 할 수 없다.

항해에 있어서는

"우리는 폭풍을 뚫고 함께 항해를 해 나가야 한다." 소설책을 읽는 것처럼 항해사가 하늘의 별을 읽는데 선장이 우현과 좌현의 차이점을 모른다면 항해는 실패하고 모든 이들은 위험에 처하게 된다.

정치에 있어서는

"함께 협력하여 선거를 이겨야 한다." 만약 후보자가 훌륭한 연설자라고 해도 사전 준비요원들이 연설할 수 있는 여건을 만들어 주지 못한다면 성공할 수 없을 것이다.

3. 사람의 개인차를 인정하라

각 개인들이 모여 팀을 이루었다고 해서 개인의 개성이

갑자기 사라지는 것은 아니다. 그들은 아직도 각자 다른 개성과 기술을 가지고 있다. 각자의 희망이나 두려움도 다르다. 뛰어난 리더들은 이러한 차이점을 알아차리고 이러한 점을 팀의 장점으로 활용할 줄 알아야 한다.

4. 팀의 결과에 대해 각 구성원들이 책임의식을 갖게 하여라

사람들은 자신의 기여도가 매우 중요하다는 것을 느낄 때 최선을 다하고자 한다. 그렇지 않으면 맡은 일에 대해 완전한 관심을 기울이지 않는다.

프로젝트가 개인이 아닌 팀에게 돌아가도록 하라. 많은 해결책들이 그룹에서 나오게 만들어라. 참여를 권유하라. 해결 방안을 제시하지 마라. 어떤 방식으로 일이 해결돼야 한다고 강요하는 것은 금물이다.

5. 영광을 나누고 비난을 인정하라

팀이 일을 잘하고 인정받게 되면 거기에서 오는 이익을 골고루 나누는 것이 바로 리더의 막중한 책임이다. 공개적으로 칭찬을 하며 등을 두드려주는 일, 상사로부터의 보너스, 사보에서의 칭찬문 등 어떤 형식의 표창이건 간에 모든 사람이 후하게 나누어 가져야 한다.

사람의 약점에 대해 공개적인 불평을 하지 마라. 한 발 앞으로 나아가 직접 어떠한 비난이라도 감수하라. 그러고 나서 어떻게 하면 개선될 것인지에 대해 팀원과 개인적으로 얘기하라. 그리고 다음번에 더 잘 할 수 있도록 그들의 주위를 환기 시켜라.

6. 팀 내에 자신감을 심어 주도록 모든 기회를 이용하라

리더는 팀에 대해 확고한 믿음을 갖고 이 믿음을 팀 내의 모든 사람들과 나누어야 한다.

7. 참여하라, 계속 참여하라

과거의 피라미드 체계에서 상사는 회사에 모든 결정권을 담당했다. 결국은 심복들이 주위를 맴돌면서 상사의 현명한 판단만을 기다렸다. 이러한 방식은 팀을 바탕으로 하는 새로운 세계에는 적합하지 않다.

리더를 비행기 수송선 갑판 위에 있는 서있는 지휘자로 생각해 보라. 비행기들이 들어오고 있다. 다른 비행기들은 이륙한다. 수송선은 항로를 유지해야 하고 적의 공격으로부터 보호해야 한다. 리더는 이런 모든 것을 고려하여 지휘를 해야 한다.

리더는 바로 그 현장에 있어야 한다. 경험을 해야 하고 경청을 해야 한다. 뉴욕 맨하셋에 있는 노스 숄 대학병원 원장인 잭 갈라헬은 말한다. "얼마 후 만약 당신이 현장에서 충분히 경험을 하고 일을 하면서 주어진 과제를 열심히 하게 되면 당신은 이 비행기들의 이착륙은 물론 모든 지휘를 잘할 수 있게 될 것이다.

언제나 정교한 전투 계획을 짤 수는 없다. 직관을 가져야 한다. 당신 머리 뒤에 있는 안테나를 밖으로 빼내야 한다. 라고 갈라헬은 말한다. 물론 많은 일들이 일어난다. 그리고 이것은 복잡한 일이지만 그 직관은 발전시켜 나갈 수 있다."

8. 조언자가 되어라

팀원들이 지니고 있는 재능을 개발시켜 주고 강화시켜 나가는 것이 바로 리더의 진정한 역할이다. 장·단기적으로 리더는 이 점에 주목을 해야 한다. 리더는 팀원들의 경력이나 생활에 대해 진심 어린 책임의식을 가져야 한다.

"어떻게 개선했으면 좋겠습니까?", "앞으로 어떤 방향으로 나아가야 할까요?" 이러한 질문을 해라. 그리고 팀 멤버들의 목적을 달성하기 위해서 팀 일원들이 갖추어야 할 능력에 대해 끊임없이 고민해라.

그들의 능력에 대해 자신감을 가져라. 그들에게 지켜야 할 기준을 제시해 주어라. 공개적으로 진심 어린 칭찬을 하라. "샐리가 이 보고서를 무척 잘 써냈습니다.", "오늘 말한 짧은 논평은 정말 훌륭했습니다."

칭찬은 사람들을 발전시킨다. 그들이 성공하면 당신도 성공한다는 것을 기억하라.

리더가 받을 수 있는 최고의 상, 아니 리더가 남길 수 있는 최대의 유산은 그들 스스로 이끌어 나갈 준비가 되어 있

는 재능이 있고 자신감이 넘쳐흐르며 협력할 줄 하는 그룹,
그 자체다.

팀을 만들어 일하는 사람이
바로 미래의 리더다.

제 2 장

동기부여는 리더의 의무!

어렸을 때 앤드류 카네기는 사람들이 자신의 이름에 대해 놀랄 만큼 중요하게 생각하고 있는 것을 발견했다.

10살 때 그는 어미 토끼 한 쌍을 갖게 되었다. 어느 날 아침에 일어나 보니 어미 토끼가 새끼를 많이 낳았는데 먹이가 하나도 없었다.

그가 어떻게 했을까? 기발한 아이디어를 냈다. 그는 동네 아이들에게 매일 클로버 잎, 민들레, 풀잎을 충분히 뜯어다 주면 그들의 이름을 토끼 새끼들에게 붙여 주겠다고 말했다. 이 제안은 마술과 같은 효과가 있었으며, 카네기는 그 것을 한 번도 잊은 적이 없었다.

수년 후 카네기는 사업에서도 같은 방법을 이용해 막대한 돈을 벌었다. 그는 에드가 톰슨이 사장으로 있는 펜실베니아 철도회사에 강철 레일을 팔려고 했다. 토끼 사건으로부터 얻은 교훈을 기억하여 그는 피츠버그에 설립한 거대한 강철공장의 이름을 에드가 톰슨 강철공장이라고 명명했다.

자, 질문을 하나 하겠다. 펜실베니아 철도회사에서 강철 레일이 필요했을 때 당신은 에드가 톰슨이 어디에서 레일을 구입했으리라 생각되는가?

– 데일 카네기 –

리복 주식회사 파이어맨 회장은 2년 안에 리복의 시장점유율을 나이키보다 높이겠다는 매우 대담한 약속을 했다. 그는 혁신적인 계획을 수립했고 막대한 예산을 투입했다. 그는 리복 제품의 광고 모델로 세계적인 스포츠 선수를 고용하는 데 얼마가 들든지 간에 돈을 쓰겠다고 공언했다.

파이어맨은 하루 24시간 동안 자신의 새로운 비전을 말하고 실천했다.

그는 설명하기를 "당신은 후원자를 만들어야 한다. 자신의 말만 해서는 후원자를 만들 수 없다. 당신이 해야 할 일은 시간을 갖고서 당신의 생각, 비전, 꿈, 환상 무엇이든지 당신을 돕는 후원자를 만드는 것이다. 후원자를 만드는 일에는 시간과 노력이 필요하다. 계속적인 반복 주입이 필요하다. 그러나 절대로 명령을 해서는 안 된다. 스스로 협조하게 만들어야 한다.

당신이 한 사람의 후원자를 만들면 당신은 변화의 힘을 갖게 된다. 당신이 한 사람을 변화시키면 그 사람은 열 사람의 후원자를 만들어 낼 것이다. 사람들은 나의 목표가 터무니없다고 말한다. 그러나 2일, 3일, 5일, 10일, 20일 그리고 30일이 지나면 그들은 이것이 단지 말만이 아니라는 것을 보게 될 것이다.

이것은 옛날 카우보이 영화에서 주인공이 사랑하는 여주인공을 구하기 위해서 악당과 최후의 결투를 하러 가는 것과 같다. 주인공이 백마를 타고 앞장서면 바로 한 사람이 그 뒤를 따르고 오른쪽에 있던 사람도 따르고 왼쪽으로부터 열 사람이 따르고 잠시 후에는 7백여 명의 사람이 먼지를 내면서 최후의 일전을 위해서 달려가는 것이다. 당신은 모든 사람들이 말에 탈 때까지 기다려서 '나를 따라서 크리크 강으로 가시겠습니까? 하고 외칠 수는 없다. 당신이 먼저 말에 올라타서 달려야 한다. 당신 스스로가 그들이 당신을 따라오게 만들어야 한다. 목적지에 도착해서 팡파르가 울리면 당신이 원했든지 원하지 않았든지 간에 7백 명 또는 9백 명의 추종자를 발견하게 되는데, 중요한 것은 당신이 먼저 그 곳으로 달려왔다는 것이다."

리더의 역할은 바로 그들의 신념을 강화시켜 주는 것이다. "우리는 함께 왔습니다.", "우리는 팀입니다.", "우리는 가치 있는 일을 하고 있습니다.", "우리는 최고입니다." 이러한 것들이야말로 진정한 동기부여를 만들어 주는 근본이다.

모든 사람은 급료, 보너스, 주식분배, 멋진 패키지를 원한다. 그러나 진정한 동기부여는 금전적인 유혹이나 해고의 공포로는 줄 수 없다. 잘 해야겠다는 성취감과 일을 좋아해서 하는 것이 아니고 단지 급료를 받기 위해서 일을 하는 사람들은 급료를 잘 받기 위해서만 열심히 일을 할 것이다. 공포 분위기로 동기부여를 일으킬 수 없다. 이렇게 움직이는 회사는 불평불만을 야기하면서 그저 보스의 돈을 뜯어내려고만 하는 종업원만 남긴 채 파산하고 말 것이다.

사람들로 하여금 어떤 일을 하게끔 만드는 단 한가지의 방법은 그 일에 욕구를 불러일으키는 일이다. 물론 당신은 권총을 상대편의 옆구리에 들이대고서 그의 시계를 뺏을 수는 있다. 해고시킨다고 위협해서 직원들의 협력을 얻을 수도 있다. 당신의 자녀를 때리거나 위협해서 당신이 원하는 것을 시킬 수 있다. 그러나 이러한 원시적인 방법은 바람직하지 않으며 심한 반발을 불러일으킨다.

사람들이 진정으로 원하는 것은 무엇인가? 카네기는 "사람들은 많은 것을 원하는 것이 아니다. 건강과 장수, 음식, 수면, 돈과 돈으로 살 수 있는 물건들, 미래의 안정적인 삶,

성적인 만족, 자녀들의 행복 그리고 자신이 중요한 사람이기를 원한다."고 말했다.

모든 욕구들은 대개 충족될 수 있으나 좀처럼 충족되지 못하는 하나가 존재한다. 그것은 음식이나 수면에 대한 욕구만큼 심각하면서 절실한 것으로 프로이드는 이것을 '위대해지고 싶은 욕구'라고 말했고 존 듀이 박사는 '중요한 사람이 되려는 욕구'라고 불렀다.

자신의 일이 가치가 있고 중요한 목표를 위해서 일한다는 느낌을 그 사람에게 부여하는 것이다. 이러한 것에서 진정한 동기부여는 시작된다. 그저 일하는 것이 아닌 탁월해지려는 욕구에 의한 동기부여인 것이다.

사람들을 인정하고 참여시키고 격려하라. 그들을 훈련시키고, 의견을 묻고, 칭찬을 하라. 그들 자신이 일을 결정하게 하라. 그들과 함께 영광을 나눠라. 그들의 충고를 구하고 받아들일 수 있는 것은 받아들여라. 그들에게 각자가 얼마나 소중한지를 인식시키고, 위험을 겁내지 말라고 격려하라. 그들에게 스스로 일할 수 있는 자유를 주고 그들 능력에 대한 당신의 믿음을 전하라.

당신이 그들을 신뢰하고 존경하고 보살피고 있다는 것을 보여주어야 한다.

당신이 그들을 신뢰하고 존경하고 보살피고 있다는 것을 보여주어야 한다.

어야 한다.

미국 서해안에서 성공한 안전장비회사 펠코 주식회사의 사장인 데이비드 맥도날드는 어떻게 하면 직원들이 일에 대한 욕구가 샘솟는지에 대해 잘 알고 있었다. 그는 직원들의 존엄성을 인정했다. 그는 직원들에게 어떻게 하면 회사를 신뢰할 수 있는 지에 대해 물었으며 개개인이 회사에 있어 얼마나 중요한 지에 대해서 강조했다. 그는 직원들에게 스스로 업무에 대해 최대한의 자율성을 보장했다. 그 후 벌어진 놀랄만한 결과에 대해 맥도날드는 만족했다. "영업부에 근무하는 빌리스라는 직원이 있었습니다. 빌은 시애틀에 있는 고객으로부터 어느 금요일 아침에 전화를 받았습니다. '여보세요, 큰일 났습니다. 우리는 보트회사의 중요한 공사를 위해 한 달 전에 특별한 안전장치를 주문했습니다. 공사는 거의 끝나 가는데 펠코 장비를 한 달 전에 주문하는 것을 잊었습니다. 공사기간은 내일, 토요일까지입니

제4부 조직을 변화시키는 기술

227

다. 공사를 못 끝내면 우리는 엄청난 공사 위약금을 물어내야 합니다.' 전화를 건 사람은 몹시 다급해 했습니다. 우리 회사만이 이 장비를 공급할 수 있는 유일한 회사였고 이 장비들은 주문생산 방식에 의해 생산하는 품목 중 하나였습니다. 장비 제고는 바닥이 났고 이 장비를 현장에서 설치하려면 특별한 망치가 필요했지요.

빌은 공장으로 뛰어 들어가서 생산관리 시스템을 무시하고 재료를 모으고 가동할 수 있는 인원을 동원하여 생산을 시작했습니다. 주문량은 15개였습니다. 그는 급피치를 올려서 제품 조립을 했습니다. 그런데 조립에 필요한 카메라가 없자 빌은 로스엔젤리스에 있는 공급업자에게 전화를 걸어 15대의 카메라를 급송시키도록 요청했습니다. 몇 시간 후에 카메라가 공항에 도착했습니다. 공항에서 대기하던 빌은 카메라를 찾아서 조립라인에 보내 겨우 제품 생산을 마무리 할 수 있었습니다. 빌은 바로 유나이티드 항공사에 전화를 걸어 예약을 한 후 바로 직원 몇 사람과 함께 장비를 가지고 공항으로 급히 갔습니다. 그런데 예기치 않던 일이 발생했습니다. 예약을 담당했던 유나이티드 직원은 공항에 없었고 새로운 사람은 무엇이 어떻게 되고 있는지 모르고 있었던 것입니다. 그 사람과 실랑이를 하던 중 그 사람은 빌을 쳐다보면서 '어쨌든 너무 늦었습니다. 이제는 소용이 없습니다. 비행기가 이미 출발했습니다.'라고 말했습니다.

빌은 유나이티드 항공사 화물보관소 문을 박차고 트랩으로 달려 나갔습니다. 비행기는 서서히 활주로를 향하여 움직이고 있었지요. 빌은 비행기를 따라잡았습니다. 비행기 앞에서 운전석을 향하여 '정지, 정지' 하면서 소리쳤습니다. 737여객기는 정지했습니다. 여객기는 다시 공항으로 돌아왔고 그들은 장비를 비행기에 무사히 실을 수 있었습니다. 필사적인 노력의 결과로 말입니다. 고객은 그 날 오후 시애틀에서 장비를 인도 받아 다음 날 장비설치를 무사히 마칠 수 있었습니다.

이 사건의 감동이 진한 이유는 이러한 일이 관리자의 지시에 의해 이루어진 것이 아니었다는 것입니다. 관리자들은 이 일이 끝날 때까지 무슨 일이 일어났는지조차도 몰랐습니다. 지시를 해서 직원들을 이렇게 만들 수는 없습니다. 그들의 마음 속에 열렬한 욕구를 불러일으키지 않고서는 말입니다."라고 맥도날드는 회상했다.

사람들은 자신이 중요한 일을 하고 있다고 느낄 때 진정으로 일에 대한 열렬한 욕구가 솟아난다. 따라서 그들을 존중하는 동시에 조직의 비전속에 그들을 포함시켜야 한다. 그들의 일에 의미를 부여해야 한다. 그들의 성취에 대해 칭찬하고, 보상해주고 축하해줘야 한다. 실패는 조심스럽게 나누어져야 한다. 이러한 일들을 반복하라. 그리고는 여유를 갖고서 결과를 바라보라.

어느 날 아이젠하워는 성격이 까다로운 국회의원을 다루는 비결에 대해서 말해달라는 요청을 받았다. 전직 장군이었던 아이젠하워가 군사적인 훈련이나, 대통령의 권위를 사용하는 방식에 대해서 말했겠는가? 아니다. 그는 설득에 관해서 말했다. "사람의 머리를 때려서 그를 리드할 수도 있다. 그러나 그것은 공격이지 리더십은 아니다. 나는 그를 설득한다. 상대방을 부드럽게 설득하면 그는 잘하려는 마음이 솟는다. 만약 그에게 위협을 가했다면 그는 위협을 받는 동안에는 열심히 하는 척을 하지만, 그런 다음에는 자기 생각대로 할 것이다."

설득의 힘은 정말로 중요하다. 애플 컴퓨터 사도 코닝 사도 설득의 힘을 이해했다. 직원들이 일에 흥미를 느끼도록 해라. 그들을 인정하고 업무를 그들 자신의 일로 만들어라. 직원들은 매사 맡은 일을 열심히 할 것이고 한 걸음 더 나아가 일을 찾게 될 것이다.

이러한 기본적인 원리를 이해한다면 모든 종류의 구체적인 동기부여 기술을 익히는 것은 매우 쉽다. 모든 것의 기본이 되는 인간행동의 3가지 중요한 개념이 여기에 있다.

1. 모든 과정, 매 단계에 직원이 포함돼야 한다. 계층이 아니라 팀워크가 정답이다.

2. 직원들을 인격적으로 대해야 한다. 직원의 소중함을 항상 인식하고 그들을 존중해라. 먼저 인간으로서 대하라. 그 다음이 직원이다.

3. 훌륭한 일은 격려하고 인정하며 보상해야 한다. 모든 사람은 기대에 부응한다.

직원들의 능력을 인정하고 있고 현명하다고 칭찬을 하면 그들은 정확하게 기대만큼 일을 하려고 노력할 것이다. 일에 직접 직원을 참여시켜라. 큰 회사에서는 직원들이 직접 참여할 기회를 갖지 못한다. 전 직원은 단지 수천 명 중 한 사람에 불과하다. 거대한 산업 톱니바퀴 중의 한 톱니인 것이다. 이러한 가운데 직원들은 사소한 불만을 품고 아프다고 꾀병을 부리고 책상에서 일하지 않고 게으름을 피우는 일이 많게 된다. 직원이 이렇게 행동하는 회사가 잘 운영될리가 없다. 그러나 직원들이 일에 직접 참여하여 일에 책임을 갖게 되면 행동은 확실하게 달라진다. 일로써 자신이 얼

마나 중요한 존재임을 깨닫고 책임을 갖게 되었을 때 행동
은 변한다.

성공적인 리더는 모든 작업의 진행과정에 직원을 직접 참
여시킨다. 디자인, 생산, 재고관리, 마케팅, 리더는 팀을 창
출하지만 그들에게 명령하지는 않는다. 성공적인 리더는
직원 스스로 결정하고 일을 수행할 때 오는 이익을 잘 안다.
확실히 의사결정에 참여하는 직원들은 참여하지 않는 직원
들보다 훨씬 더 책임감을 가지고 최선을 다한다.

보오드룸 리포트사 사장인 마틴 에델스톤은 신문사를 경
영하면서 직원 65명의 제안을 끊임없이 구했다.

에델스톤은 "우리 회사를 돌아다녀 보면 로켓 과학자는
한명도 발견할 수 없다. 모든 직원은 평범한 사람들이다."
라고 말했다. 어떻게 이러한 평범한 사람들이 비범한 결과
를 창출했을까? 에델스톤은 설명했다. "나는 모든 직원에게
우리의 회합을 더 흥미롭게 만드는 두 가지 아이디어를 요
청했다. 우리는 모든 문제에 대해서 수천 가지의 아이디어

제안을 직원들로부터 받았다."

"모든 일은 끊임없는 향상을 위한 일본의 카이젠(품질개선)시스템의 변형인 제안 제도에 의해서 이끌어진다. 내가 당신에게 좀더 진보할 수 있는 아이디어 두 가지를 조언해 달라고 요청하면 당신은 무척 기뻐할 것이다. 나는 다음 주에 두 가지 다른 아이디어, 그 다음 주에 두 가지 다른 아이디어, 이런 식으로 하게 되면 나는 직원 65명의 참여를 통해서 위대한 일을 하게 된다. 그래서 우리는 현재 직원 한 사람마다 1백만 불의 생산성을 올리고 있다."

스티븐 존스와 스티븐 우즈니악은 경영진을 구성할 때 계급을 없앴다. 그들은 누가 누구의 상관인지에 대해서 신경을 쓰지 않았다. 애플 사 초창기 자금을 대주었던 벤처 캐피탈 회사의 경영진 한 사람인 피터 크리스프는 이런 애플 사의 경영방식을 놀라워하며 칭찬했다. 그들의 경영방식은 다음과 같다. 어떤 제품에 전자부품이 들어가는데 우리는 이 부품을 대량 생산해야 한다. 경쟁력을 높이기 위해 최저

원가로 신용이 좋은 회사에서 전자부품을 생산해야 하기 때문이다. 이 나라에서 이러한 특성을 가진 전자부품을 가장 잘 만드는 회사가 어느 회사인가? 휴렛 팩커드라는 결론이 났다. 그러면 존스와 우즈니악은 이렇게 말한다. "자, 가서 휴렛 팩커드 제조 담당 부사장을 만나서 그를 우리 회사에 영입하자."

크리스프는 그들에 대해 말했다. "그들은 휴렛 팩커드 제조 담당 부사장을 영입하기 위하여 노력하고 그것이 안 되면 부사장 직속 보좌관 또는 휴렛 팩커드 생산 공장 중 가장 잘 운영되고 있는 공장을 알아낸다. 그런 다음 그들을 영입하기 위해서 노력한다. 그들은 영입 대상자에게 파격적인 대우를 제시한다. 이렇게 해서 영입한 후 그 새로운 인재에게 다음의 질문을 한다. '자, 우리가 무엇을 해야 할지 알려주십시오.' 그런 다음에는 새로운 인재가 그의 계획을 실현할 수 있도록 전폭적인 지원을 아끼지 않는다. 이런 식으로 마케팅 담당, 제조 담당, 인사 담당하는 사람을 구한다. 그들은 끊임없이 달린다."

회사 초기에는 설립자가 최고의 과학자다. 설립자는 경영 책임자를 고용하기 싫어하는데 그는 주식을 양도하거나 권한을 위임해 그의 권위에 도전하는 일을 원하지 않기 때문이다. 보통 설립자는 회사에 대한 소유욕이 강한데 애플사는 그와 정반대였다. 그들은 말한다. "자, 나가자. 그리고 직원들을 회사 경영에 참여시키자."

펠코 사의 데이비드 맥도날드는 말했다. "직원들을 멋있게 대하고 그들을 존경하라. 직원들을 위해서 과감하게 투자하되 그 투자가 당연스럽게 이익을 가져온다고 기대하지 말라. 차라리 직원들에게 새로운 기대를 더 높이 설정하여 강화된 인력을 통해서 더 높은 고객만족을 실현시켜 이익을 창출하라."

포드 하워드 회사의 자회사인 하몬 주식회사 사장인 죠이스 하비는 말했다. "미소를 지으면서 '안녕하세요?' 하고 힘차게 직원에게 인사를 해라. 직원을 가족처럼 대하라. 자신이 하지 않는 일을 직원들에게 요구하거나 기대하지 말라.

진심으로 직원을 보살펴라. 그러면 직원은 당신을 진심으로 대하고 존경할 것이다. 내 전임 상관은 사무실에 차트를 걸어 거기에 모든 직원들의 신상을 적어 놓았다. 그는 직원들의 이름을 기억했으며 직원들 가족들과 그들의 생활을 알고 있었다. 그는 공장 안을 돌아다니면서 '안녕, 존', '안녕, 샘', '안녕, 메리' 하고 불렀다. 그는 사람들을 진심으로 대했다." 구식 경영 방식 같지만 오늘 날에는 이런 방식이 더욱 더 중요하다.

잘한 일을 인정하라. 사람은 누구나 어린 아이들처럼 칭찬을 받고 싶어 하는 면이 있다. 명심해라. 사람들은 일을 잘하고 나면 칭찬을 받고 싶어 한다. 칭찬을 자주 마음껏 해 주어라.

코스 케이블의 대표, 빌 케파트는 말했다. "우리는 집회를 갖거나 회의를 합니다. 우리는 매일 회의 때 우리의 목표를 전달하고 결의를 다집니다. 큰 축하 행사로서 군용 트럭에 사람들을 태우고 시내를 행진하면서 우리의 강력한 경쟁자를 쳐부술 방법을 이야기하지요. 불꽃놀이를 하고 우수한 업적을 올린 사람은 모든 사람의 선망의 대상으로서 추앙됩니다. 연사의 연설을 듣고 시상을 합니다. 막대한 예산을 들여서 사람들을 참여시키고 즐겁게 합니다. 그리고 무엇보다 중요한 것은 솔직하게 일의 성과에 대해 칭찬을 아끼지 않는 것입니다."

던 앤드 브래드스트리트 소프트웨어 서비스 회사 회장인 존 이멜에이가 직원들을 포상하는 방법은 매우 독특하다. 그는 회상하기를 "나는 일생을 통해서 꼭 지키는 간단한 원칙이 있다. 바로 직원들에게 열쇠를 증정하는 것이다. 나는 예전에 조그만 열쇠를 생산하는 티파티 사를 운영했었다. 우리 직원 모두는 아름다운 소리를 내는 이 열쇠를 옷깃에 달고 있었다. 그러나 우리가 파산하게 되었을 때 나는 직원들에게 지금까지 열심히 일해 온 것에 대한 어떠한 보상을 하고 싶었다. 그래서 열쇠를 주었는데 직원들은 열쇠를 받으면서 감동했다. 근무한지 5년 미만인 직원들은 은색 열쇠, 5년이 된 직원은 금색 열쇠를 달았다. 10년 이상 근무한

한 여성은 다이아몬드 열쇠를 받았다. 어떤 방법이든 직원
들에게 포상하는 것을 실행하라."

직원들을 존경하고 그들이 하는 일에 감사하라. 그들을
중요하게 여기고 그들에게 배울 기회를 주고 성장시키고
그들의 잠재력을 개발시켜라. 이러한 노력들을 직원들이
느낀다면 그들은 스스로 움직일 것이다. 이것이 바로 동기
부여의 힘이다.

강제로 동기부여할 수는 없다.
그들 스스로 원해야 한다.

제 3 장

칭찬과 보상을 활용하라

19세기 초 런던의 한 젊은이는 작가가 되기를 열망했다. 하지만 모든 일이 그의 뜻과는 반대로 펼쳐졌다. 학교도 4년 이상 다니지 못했고 그의 아버지는 빚을 갚지 못해 감옥에 들어갔으며 자주 배고픔의 고통을 맛보아야 했다. 드디어 그는 쥐가 득실거리는 창고에서 구두약 용기에 상표를 붙이는 직업을 얻게 되었고 밤에는 음침한 다락방에서 런던을 떠돌아다니는 부랑아 두 명과 함께 잠을 잤다. 그는 글 쓰는 것에 자신이 없어서 다른 사람의 웃음거리가 되지 않으려고 한밤중에 몰래 밖으로 나가 자신이 쓴 원고를 잡지사에 우송했으나 계속해서 거절당했다. 그러던 어느 날 그에게도 기쁜 날이 찾아왔다. 한 편집자가 그의 글을 칭찬했다. 누군가가 그를 인정한 것이다. 그는 너무도 감격해서 두 뺨에 눈물을 흘리며 거리를 돌아다녔다.

한 편의 글이 책으로 출판되면서 그가 받은 칭찬과 인정은 그의 전 생애를 바꾸어 놓았다. 만일 그러한 격려가 없었더라면 이 젊은이는 평생을 쥐가 들끓는 공장에서 일하며 지냈을지도 모른다. 그의 이름은 찰스 디킨즈다.

– 데일 카네기 –

사람을 움직이는 비결은 세상에 단 하나 밖에 없다. 그런데 이 사실을 깨닫고 있는 사람은 극히 드물다. 사람을 움직이는 비결은 단 하나, 그것은 스스로 자진해서 움직이고 싶은 마음이 우러나게 하는 것이다.

사람을 움직이려면 그가 바라고 있는 것을 들어주는 것이 유일한 방법이다. 그리고 칭찬은 사람들이 바라는 그 유일한 것들 중의 하나다. 왜냐하면 칭찬이야 말로 자신이 중요한 사람이고 싶은 욕구를 만족시켜주기 때문이다. 그러한 칭찬은 공개적이면 공개적일수록 더욱 효과적이다.

오늘날 많은 기업들이 직접적인 이윤에 얽매이지 않고 직원들의 보상에 시간, 열정 그리고 돈을 쓴다. 스웨덴의 PCB 카드로 알려진 일렉트로 트리크 AB사의 사장인 앤더스는 말했다. "최대한 많은 사람들 앞에서 어떤 사람에 대해서 인정해 주는 일은 매우 중요한 일이다. 개인적으로 하는 것은 그 효과가 떨어진다. 공개적으로 인정을 받았을 때 사람들은 칭찬을 받았다고 느끼고 기뻐한다. 이런 칭찬은 아무리 많이 해도 부족하지 않다."

미국은 1988년에 레이건 대통령의 지시로 기업의 생산성을 높일 수 있는 방안을 찾아내기 위해 연방 품질연구소를 설립했다. 고심하던 연구원들은 품질에 적극적으로 관심을 보여야 만이 생산성을 높일 수 있음을 여러 기업의 사례로 알아냈다. "가장 중요한 것은 사람이다." 연구소의 선임 품질연구원인 G. 컬트 존스는 말한다. 제품의 품질을 좌우하는 것은 바로 생산직에 근무하는 직원 하나하나의 마음에서부터 나온다는 것이다. 그렇다면 직원들 하나하나의 마음을 열기 위해서 어떤 방법을 도입해야 할까?

발 크리스챤슨은 전국의 1천 8백여 군데 중 최고인 데니스 레스토랑을 가지고 있다. 캘리포니아 빅톨빌에 있는 크리스챤스의 레스토랑은 로스앤젤레스와 라스베가스 사이의 높은 사막에 위치하고 있는데 레스토랑은 풍부한 양의 샐러드, 스프, 샌드위치 그리고 정식들을 제공했다. 어느 날 크리스챤슨은 자신의 레스토랑에서 취약한 부분을 하나 발견해 냈다. 많은 고객들이 음식을 먹고 난 후 바로 계산서를 요청하는 것이었다. 크리스챤은 고객들에게 식후으로 먹을 수 있는 파이를 더 많이 팔아야겠다고 결정했다. 그래서 전 직원들을 대상으로 파이 판매 콘테스트를 열었다.

"우리가 처음 파이 콘테스트를 시작했을 때 하루에 2개의 파이를 팔고 있었다. 그래서 나는 파이를 파는 방법을 직원들에게 설명했다. 어떻게 파는지 시범을 보이기도 했다. 직원은 나를 너무 잘 알기 때문에 '좋습니다. 크리스챤슨 씨,

이 파이들을 다 팔면 우리에게 돌아오는 이익은 무엇입니까?'라고 물었다. 그들은 보상을 요구했고 나는 그것을 이해했다."

교대 반 별로 근무시간 중 가장 잘 파는 사람은 시내에서 근사한 밤을 보낼 수 있도록 해주겠다고 크리스챤슨은 말했다. "그 사람과 배우자 또는 누구든 간에 운전사가 딸린 리무진을 타고 로스앤젤레스에 가서 오페라를 관람할 것입니다."

주간 근무 우승자는 어떤 여직원이었는데 남편이 함께 왔다. 그녀는 한번도 오페라를 본 적이 없었다. "그들은 그 날 밤 큰 리무진을 탔고 멋진 시간을 가졌죠. 금요일 밤이었습니다. 일요일 아침에 가게에 들어섰을 때 그 여직원은 계산대에서 나를 빤히 보더군요. 그녀는 제복을 입고서 일하다가 내게 와서는 나를 꼭 껴안았습니다. 안고 또 안았지요."

"멋진 오페라였죠?" 크리스챤슨은 그녀에게 물었다. 그는 회상하길 "우린 바빴고 사람들도 무척 많았는데 그녀가 날 붙잡고 놓지를 않더군요. 그녀는 눈물을 흘리면서 나에게 말했습니다. '크리스챤슨 씨, 당신을 사랑합니다. 감사합니다.' 그녀는 나에게 30년 후에야 그만두겠다고 말하는 것 같았습니다."

그녀가 그토록 기뻐한 이유는 단 한 가지, 즉 인정을 받았고 그에 따른 보상을 받았기 때문이다.

"이것이 그녀의 자존심을 충족시켜 주었던 것입니다."라고 크리스챤슨은 말했다. "하루에 두 개를 팔았었는데 이제는 하루에 71개를 팔게 되었지요. 나는 감정적인 것 이상으로 경제적으로 보상을 받았습니다. 사원에게 돈만을 주어서는 그런 결과를 얻어 낼 수 없습니다."

SGS 톰슨 사는 여러 기업들 중 특히 보상에 대해서 특별한 관심을 기울인다. 그들은 '인간관계상'이라는 특이한 포상 프로그램을 시작했다. 생산, 조사, 개발, 제조업에서가 아니라 인간관계에 있어서 뛰어난 사람들에게 상을 주는 것이다. 부사장인 빌 마카힐라힐라는 그가 만들어낸 보상 프로그램을 이렇게 설명했다. "훌륭한 행동을 한 관리자들에게 1년에 한 번씩 네 가지 상을 수여한다. 하나는 '황금귀상'인데 경청을 잘했던 사람에게 주는 상으로 기념패에 황금으로 된 귀를 붙여준다. 사원들은 관리자나 사원 중에서 경청을 잘 한 사람을 추천한다. '은의 혀상'이 있다. 이 '은의 혀상'은 공식적인 발표가 아니라 효과적인 대화를 한 사람에게 수여한다. 수상자는 은의 혀가 새겨진 독특한 상패를 받는다. 우리는 다양한 신체 부문을 사용해서 이러한 시스템을 재미있게 만들려고 생각했다.”

책상 위에 큰 발로 턱하고 올려놓는 상은 물론 없다.

“'권한 강화상'이 있다.”고 마카힐라힐라는 계속한다. “그것은 어떻게 서로가 권한을 강화시켜 주는 지를 사원들에게 보여주는 것이다. 네 번째 상이 있는데 이게 가장 중요한 상이다. 이것은 '인간 리더십 상'이다. 이것은 정직, 성실, 진심 등 가장 좋은 인간성을 계속해서 보여준 사람에게 주는 상이다. 이 사람은 효과적인 대화를 계속 해야 하고 잘 경청해야 하고 인간관계를 잘해야 하며 사람들을 다루는 법 등등을 다 잘해야 한다. 이 특별한 상은 연단 위에서 리더가 직원을 감싸주고 있는 모습으로 제작되어 있다. 이 상은 리더의 역할이 직원들을 함부로 얕잡아 보는 것이 아니라 그들을 도와주고 잡아주는 데 있음을 나타낸다."

아메리카 항공사에서는 회사에 기여한 사원들에게 포상을 줄 수 있는 공평한 방법을 알아냈는데 고객들을 직접적으로 이 과정에 참여시켰다. 승무원들은 관리자와는 수천 마일씩 떨어져서 대부분 하늘에서 일을 한다. 그렇기 때문에 누가 일을 잘하고 안 하는지는 잘 알 수가 없다. 노조계약의 강제성에 의해 특정한 어떤 승무원에게 다른 사람보다 더 많은 월급을 줄 수가 없었다.

하지만 이 항공사의 회장인 로버트. L. 크랜달은 이 문제를 해결할 수 있는 창조적인 방안을 생각해 냈다. 자주 이 항공을 이용하는 클럽의 VIP들에게 모범적으로 서비스를 한 승무원에게 줄 수 있는 특별한 증서를 주었다. 승무원들은 이것을 현금화해서 무료 여행 티켓이나 다른 것을 살 수 있다. 고객은 감사의 마음을 승무원에게 확실하게 표현할 수 있고 승무원에게도 유용한 방법이다.

사업을 하는 데에 있어 보상하고 인정해 주는 것은 새로운 것이 아니다. 개인적인 감사 엽서만큼 오래된 것이다. 홀릿 금융그룹의 존 로빈슨은 몇 십 년 전에 오래된 친구에게서 그 이치를 배웠다. "짐 밴더는 직장 초기에 매우 성공한 판매원이었다. 그는 주로 길에 나서기 전에 하루 종일 전화를 걸었다. 그리고 나서 밤에 모텔 방으로 가서 버본 위스키한 병과 엽서 뭉치를 갖고서 항상 개인적인 엽서를 썼다. 평생을 손으로 직접 이런 모든 개인적인 엽서를 자신의 고객들에게 썼다."라고 로빈슨은 말한다. "고도의 세련된 마케팅 기법과 다이렉트 메일이 판을 치는 시대에는 손으로 직접 '정말로 훌륭하게 그 일을 처리 하셨습니다.' 아니면 '어떻게 그렇게 일을 잘 처리하시는지 부럽습니다.' 라고쓰는 것보다 더 효과적으로 상대방의 마음을 흔드는 것은 없다."

사람들이 이런 조그만 인정에도 신경을 쓸까? 하몬 합작 경영회사의 조이스 하비는 당연히 그렇다고 생각한다. "우

249

제4부 조직을 변화시키는 기술

리 사무실에는 '오늘 한 일에 정말 감사를 드립니다.' 라고 씌어진 조그만 메모가 있다. 사무실을 걷다 보면 사람들의 책상에 이 메모가 붙여있는 것을 볼 수가 있다. 나는 사람들이 서로 도와주면서도 동료에게서 어떤 인정도 받지 못하고 있는 것을 발견하곤 했다. 이제는 그들은 '감사합니다.' 아니면 '당신이 한 일에 대해 감사드립니다.' 또는 '정말로 많은 도움을 주셨습니다.' 라는 메모를 교환하는데 그것은 매우 효과적이다."

보상, 인정, 칭찬은 그 방법이 무엇인가는 상관없다. 계속해서 하는 것만이 중요하다. 물론 보상을 돈으로 받으면 좋다. 하지만 이 방법만이 효과적인 보상은 아니다. 만약 써야 할 돈이 있다면 효과적으로 써라. 뛰어남에 대해 포상하라. 직원을 참여시켜라. 사람들이 감사해 하는 방법으로 사용하라.

작가이자 대학 강사이기도 한 플로렌스 리타우얼은 어느 날 갑자기 교회로부터 아이들에게 설교를 해 줄 것을 부탁

받았다. 그는 고심하다 성경의 한 구절을 떠올렸다. 하지만 아이들이 그 뜻을 알기에는 너무 어려웠다. "그 말이 좋은 뜻을 의미하지 않는 이상 타락한 말들을 내뱉지 마라. 좋은 말은 은혜를 베푸는 것이다."

리타우얼은 어떻게 이 어려운 말들을 아이들에게 풀이해 줄 것인지를 고민하다 이 문구의 의미를 바로 이해할 수 있는 해석을 찾게 되었다. "우리의 말은 선물과 같다."라고 그녀는 말했다. 그리고 아이들도 동의하는 것 같았다. "조그마한 선물을 다른 사람에게 주는 것이다. 그들이 원하는 것이다. 그들이 얻고자 하는 것이다. 그들은 우리의 말을 듣고 자기 것으로 새긴다. 그리고 그것들을 사랑한다. 왜냐하면 우리가 하는 말들이 그들을 기쁘게 해주기 때문이다."

리타우얼은 말을 선물과 비교해서 아이들에게 그 의미를 설명해 나갔다. 그러고 나서 이렇게 요약했다. "처음부터 다시 시작합시다. 우리는 나쁜 말을 해서는 안 됩니다. 좋은 말을 해야 합니다. 격려해 주는 말이어야지 비난하는 말이어서는 안 됩니다. 선물과 같은 따뜻한 말이어야 합니다."

이 말을 끝내자 한 조그만 소녀가 일어났다. 소녀는 통로로 걸어 나와 집회에 온 사람들을 돌아보며 크고 낭랑한 목소리로 이렇게 얘기했다. "지금하신 말씀의 뜻은⋯⋯." 그리고 나서 숨을 돌리기 위해 잠시 멈췄다.

"우리의 말은 예쁜 리본을 단 은색의 선물상자와 같아야 한다는 말이지요?"

칭찬은 아이들에게만 환영을 받는 것은 아니다. 비즈니스 세계에서도 그 효과는 마찬가지다.

사람들은 돈을 위해서도 일하지만
인정받고, 칭찬받고, 보상을 받는다면
지금보다 한걸음 더 나아가 갈 것이다.

당신의 삶을 변화 시켜라

만약 당신이 사업을 한다면, 사람과 관계를 맺는 일이 당신에게 당면한 문제 중 가장 큰 문제일 것이다. 가정주부, 건축가, 엔지니어에게도 마찬가지다. 카네기 연구소에서 실시한 조사에서 중요한 사실 한 가지를 발견했는데, 그건 바로 사람을 움직이게 하는 기술에 대한 것이었다. 엔지니어링과 같은 기술 분야에서조차 재정적으로 성공을 거둔 사람들 중 약 15%만이 자신의 기술적 지식에 의한 것이고 나머지 약 85%는 인간 엔지니어링 즉 사람을 움직이는 능력과 인간적인 매력 때문에 성공을 거두었다고 한다.

– 데일 카네기 –

창문을 바라보라. 지난 몇 년 동안 얼마나 많은 변화가 있었는지 주목해 보자. 경쟁은 전 세계적으로 일고 있다. 누구나 좋은 품질의 물건을 앞 다투어 생산해 낸다. 새로운 사업이 출연했고 많은 다른 사업들이 재편성되었다. 어떤 산업들은 소멸되었다.

소련과 미국이라는 두 나라가 초강대국이란 생각도 사라졌다. 동구권은 몰락했고 유럽은 하나의 세계로 통합되어 가고 있다. 제3세계 나라들은 경제 무대에서 그들의 목소리를 확대시키고 있다. 쉽게 부를 형성하고 안정적으로 사업을 하던 시대는 지나가 버렸다.

데일 카네기가 이러한 변화를 모두 예측하였을까? 물론 아니다. 아무도 세계가 이렇게 빨리 변하리라고는 생각지 못했을 것이다. 그러나 카네기는 더 중요한 일을 했다. 그는 시간을 초월한 인간관계 원칙을 남겼는데 이러한 원칙들은 오늘날에도 예전과 다름없이 적용된다. 지금까지 밝혀졌듯이 이러한 원칙들은 오늘날의 심각한 스트레스, 빠른 변화, 불확실한 세상에 독특하게 잘 적용된다.

상대방의 관점에서 사물을 보라.

솔직하고 진지하게 칭찬하라.

강력한 열정의 힘을 발휘하라.

상대방을 존경하라.

지나치게 비평하지 말라.

생활에 여유를 갖고 균형을 유지하라.

사업을 하는 사람이나 학생들은 이러한 지혜를 활용해 삶을 보다 풍요롭게 만들고 있다. 시간을 초월한 카네기 원칙은 전혀 놀라운 것이 아니다. 이러한 원칙들은 어떠한 특별한 순간에만 적용되는 것도 아니고 변화가 보장된 현실에서만 적용되는 것도 아니다. 카네기는 이러한 원칙들을 오랫동안 적용하면서 실험해 보였다. 유행은 한 해에도 몇 번씩 일어난다. 주식 값은 오르고 내린다. 기술은 계속 진보하고 있다. 정당은 정권을 잡기도 하고 잃기도 한다. 경제는 최면술사의 시계추처럼 이리저리 움직인다. 그러나 카네기의 원칙은 변하지 않는다.

이 원칙은 인간 본성에 바탕을 두었기 때문에 빠르게 변하는 오늘날에도 잘 적용된다. 이러한 원칙, 기술들을 실천하고 일상생활에서 습관으로 만들어라. 이러한 원칙들을 친구, 가족, 동료에게 적용하라. 당신의 주변에 어떠한 변화가 일어나는지 살펴봐라.

카네기 원칙을 실천하는 데에는 인간 심리학 학위는 필요없다. 몇 년 간의 자기 성찰이나 사고가 꼭 필요 하지는 않다. 우리가 해야 할 일은 원칙을 실천하는 것이다. 열정적으로 우리의 세계를 좀 더 나은 세계로 만들겠다는 진정한 욕망을 갖고서 말이다.

"우리가 살펴본 원칙들은 단순한 이론이나 추측이 아니다." 데일 카네기는 그의 전 생애를 통해 수백만 사람들에게 가르친 원칙을 말하고 있다. 이러한 원칙들은 마치 마술처럼 작용한다. 나는 이 원칙들이 수많은 사람들의 삶을 변화시키는 것을 목격했다.

그렇다. 이러한 원칙을 실천할 때 당신의 삶은 변한다!